JN298498

これからの住まいとまち
住む力 をいかす地域生活空間の創造

堀田祐三子＋近藤民代＋阪東美智子［編集］

朝倉書店

執 筆 者

阪東美智子*	国立保健医療科学院生活環境研究部
葛西　リサ	一般財団法人高齢者住宅財団調査部 大阪市立大学都市研究プラザ
髙澤　由美	山形大学大学院理工学研究科
堀田祐三子*	和歌山大学観光学部
河井　容子	Penguin Environmental Design L.L.C. イェール大学建築学部
寺川　政司	近畿大学建築学部 CASEまちづくり研究所
近藤　民代*	神戸大学大学院工学研究科
田中　正人	株式会社都市調査計画事務所
小川　知弘	関西学院大学総合政策学部
田中　貢	近畿大学建築学部

(執筆順，*は編集者)

はじめに

　「住む力」とは「居住に必要な空間・環境を自律的に維持，管理，創造し，その空間・環境を基盤として社会的関係を構築していく力」である．住む力という言葉は，社会的に認知されている言葉ではない．しかし，私たちはこの住む力という新しい言葉をあえて使うことで，なによりも「住む」ことの意味をあらためて問う必要性を強調したい．現代の住宅問題を解決するためには，住まいを単なるシェルターとしてとらえるのではなく，その内外で展開される人と空間，そして人と人との関係としてとらえなおすことが必要であり，そのためには大きく変化する社会のなかで，個人が，また社会が住むことの意味を問い直すことが不可欠だからである．
　住む力とは，人が住まいを拠点として生活を営むなかで育み，育まれてきた力であり，その意味ではその人がこれまでにどのように住まいとかかわってきたのかという個人的経験に規定されるものであるし，またその力の強さや発揮については社会的，経済的，文化的な環境にも規定される．
　かつて人は，伝統的な家族や地域共同体のなかで生きていた．そこでは，好むと好まざるにかかわらず，「住む」ことは「共に住む」ことを意味した．つながって生きていたがゆえに，社会的規範や慣習が意味をもち，そしてそれが個人の住むという行為と不可分なものであったがゆえに，個人があえて住む力を発揮する必要性は乏しかったともいえる．しかし，市場メカニズムの浸透は，伝統的な共同体を解体し，人をそこから切り離すことによって個（孤）に分解した．日本の場合，企業もまた一種の共同体として存在したが，グローバル化の進展とともに，終身雇用は崩壊し，雇用も流動化が進むなかで，それすら解体されている．
　ところが，こうした状況は，伝統的な生活規範を解体することによって，個人に自律的に住むことの意味を問いかけることにもなった．それは，主体的に他者との関係を構築・維持し，そしてまたその関係が存在する場をも意識的かつ自律的に創造・維持することであり，こうした主体的行為の実践者としての力量，つまり住む力を私たちに強く要求することにもなったのである．私たちの不断の生

活それ自体に住む力を発揮できる機会は埋め込まれており，そこで力を発揮することができれば，それはさらに鍛えられ，新たな力の発展さえも期待できる状況が生まれる．

　しかしながら，現実にはこうした社会的変化に対応できず，住まいや地域，社会への主体な実践力としての住む力の弱体化という様相が広汎に現れている．こうした状況こそが，現代の新たな住宅問題なのである

　以上の問題認識をふまえ，この住む力という観点から現代の住宅問題の諸相にアプローチし，問題解決の糸口を探ることが本書の試みである．人びとの住む力の減退が現代の諸問題の根底にあるという認識のもとで「何が人びとの力を弱らせているのか」という要因を明らかにすることによって，新たな展望を切り拓く道筋が示せるのではないかと考えている．

　本書は3部構成となっている．第Ⅰ部では，住む力の減退している現状とその再構築の可能性について，住宅問題と密接に結びつく高齢化や家族の変化，地域社会の変容といった観点から総論的に展開し，第Ⅱ部では，住む力とのかかわりにおいて，現代社会における住宅問題の諸相とその解決方策を示している．本書が示す住む力は，住まい手個人が保有する力であり，またコミュニティも備えうる力である．後者は，住まい手個々の住む力単体ではなしえない，「まとまり」（地域社会）としての力であり，地域コミュニティを豊かで魅力ある空間として持続させていくうえで不可欠な力である．

　付言すれば，地域コミュニティという単位は，一般的にはいわゆる地縁を基盤とする関係であるが，現代においては必ずしも「住んでいる」ことをコミュニティの構成員の条件としない．少子高齢化が進み，住まい手だけを地域コミュニティの構成員として地域を維持していくことが困難になるなかで，「まとまり」のあり方にも変化が生まれている．そうした状況を踏まえ，本書のなかでは，従来の地域コミュニティという枠に配慮しつつも，コミュニティとは住まい手に限定されない，地域への多様なかかわりあいをもつ人びとの関係性としてとらえている．

　第Ⅲ部では，東日本大震災における住まいの復興の考え方のひとつとして，被災者個々人および被災前の地域がもっていた住む力の回復とその力をいかした被

災地復興の方向性を提示している．これまでの震災復興プロセスにおいてもいえることであるが，公的な復興対策は，それがいわゆる公平性や公共性を偏重するあまり，しばしば個人や地域の有する住む力に無配慮で，それを尊重し，いかすことを放棄してきた．そのことが逆に，人びとや地域の住む力を発揮できない状況をつくりだし，さらには力を減退させ，復興をより困難にしているという事態を招いている．大規模災害とその後の復興がつくりだす非日常は，私たちにあらためて住む力の必要性を認識させる．これが災害復興における住む力をテーマとして掲げる理由である．

東日本大震災は，地震被害に加えて津波被害や原発問題などが重なった複合型の災害であり，復興に関しては産業や雇用，福祉，教育，エネルギーなど総合的な観点から検討される必要がある課題である．住まいの復興だけで語れる問題ではないことは重々承知している．しかし，それでもなお復興の進められ方の現状を見ていると，対応が不十分な問題がいまだ多く残されており，住まいの復興のあり方を示しておくことにはそれなりの意味があるように思う．

本書の企画にあたっては執筆者どうしで議論を重ね，冒頭に示した定義にそって各々執筆を開始した．とはいうものの，各章で取りあげられる住む力は必ずしも上記の認識にぴたりと収まるものではないことにご留意いただきたい．各章に共通しているのは，住む力が個々人と，住まい・地域空間と，そこに暮らす人びと（地域社会）という三つの関係において発揮される力であるということ，そしてまた住む力は，私たち個人および個人の「まとまり」としてのコミュニティが有する，住むことに関する主体的実践の力であるということである．

本書は住まいやまちづくりに関心をよせる多くの方に手にとっていただけることを想定している．また建築・都市計画や住居学，社会福祉，都市・住宅政策などを専攻する学生の方々が住宅問題を学ぶテキストとして利用できるよう配慮している．本書の内容が，個々人の住まい方を振り返るきっかけとなり，また読者それぞれにとっての，住む力とは，また住まうとはどういうものであるかを考えていく際のひとつの手がかりとなることができれば幸いである．

2014 年 3 月

編集者を代表して　堀田祐三子

目　次

第Ⅰ部　「住む力」の減退と再構築の可能性

第1章　今日の住宅問題と「住む力」の減退 ──────────［阪東美智子］ 2
1.1　これまでの住宅問題と新しい住宅問題　2
1.2　空き家問題とその対応　3
1.3　高齢者の住宅問題とその対応　6
1.4　ホームレス問題とその対応　9
1.5　住まいの健康問題とその対応　11
1.6　住む責任と義務　13
1.7　住む力の再構築に向けて　14

第2章　家族の変化と「住む力」の減退 ──────────────［葛西リサ］ 17
2.1　地域生活者から主体性のない消費者へ　17
2.2　ケアの担い手である専業主婦の喪失　18
2.3　アウトソーシング化される家族機能　20
2.4　多様化する家族と住む力の減退　22
2.5　住む力を紡ぐために必要なこと　24
2.6　住む力回復の展望　25

第3章　地方都市における「住む力」の減退と未来の展望 ───［高澤由美］ 28
3.1　地方都市の住む力とは　28
3.2　社会経済構造と都市構造の変容と住む力　29
3.3　除雪活動にみる住む力の減退　31
3.4　住む力の再構築の可能性　36

第Ⅱ部 「住む力」の諸相と課題解決の糸口

第4章 「定住」から「住み替え」へ ―――――――――［堀田祐三子］ **40**
4.1 「住み替え」というニーズ　40
4.2 住まいをめぐる状況の変化　41
4.3 定住から住み替えへ　44
4.4 住み替えの現実　46
4.5 住まい選択の自由への展望　50

第5章 エラブ・ツクル・ツナグ：テレワークが自由にする住まい方
――――――――――――――――――――――――――［河井容子］ **51**
5.1 住む力とテレワーク　51
5.2 テレワークとは　51
5.3 テレワークでエラブ　53
5.4 テレワークでツクル　57
5.5 テレワークでツナグ　64
5.6 おわりに：住む力と場所の力　68

第6章 社会的条件不利地域の「住む力」に学ぶ ―――――――［寺川政司］ **72**
6.1 協動型ハウジング方式による住まいとまちづくり　72
6.2 コーポラティブ住宅が生み出す多様な住空間と人のつながり　72
6.3 公営住宅更新事業におけるコーポラティブ方式の活用　78
6.4 コレクティブタウンの取り組み　80
6.5 不利を乗り越えて　86

第7章 コミュニティアーキテクチュアと「住む力」――――――［近藤民代］ **88**
7.1 地域の住む力を発揮する運動　88
7.2 コミュニティアーキテクチュアとは　88
7.3 コミュニティアーキテクチュアの担い手　90

7.4　居住環境改善の実践にみるコミュニティアーキテクチュア　92
7.5　コミュニティデザインセンターの五つの機能　95
7.6　わが国におけるコミュニティアーキテクチュアの展望　98

第8章　郊外住宅地の行方と「住む力」────────［田中正人・小川知弘］ **102**
8.1　郊外住宅地の発展を牽引してきたもの　102
8.2　郊外住宅地形成の経緯　103
8.3　均質性がもたらした諸問題　104
8.4　限界と持続を分かつもの　105
8.5　郊外批判への批判　107
8.6　帰属意識の共有をめざして　109

第9章　木造密集市街地の整備と「住む力」────────［田中　貢］ **112**
9.1　木造密集市街地とは　112
9.2　文化住宅火災から見えてくる問題　113
9.3　木造密集市街地の構造的矛盾　115
9.4　木賃住宅の建替えの現状　117
9.5　木造密集市街地整備促進の可能性　119
9.6　地域全体の住む力の向上　123

第Ⅲ部　災害復興における「住む力」

第10章　被災地における住まいの移動と「住む力」────［田中正人］ **126**
10.1　被災者の住む力　126
10.2　都市災害における住まいの移動　129
10.3　集落災害における住まいの移動　131
10.4　"追い出し"と"置き去り"　134
10.5　住む力の回復への方途　136

第 11 章　災害復興における「住む力」の再生と居場所形成 ──［寺川政司］　**139**

11.1　復興過程にみる住む力の諸相　139
11.2　阪神・淡路大震災の応急期から復興期に至るプロセス　139
11.3　見えない震災としての東日本大震災　142
11.4　被災地にみる住む力を高める居場所づくり　143
11.5　災害復興におけるコミュニティアーキテクトの役割　148

第 12 章　住宅復興における「住む力」と主体形成 ──────［近藤民代］　**150**

12.1　住宅復興の担い手　150
12.2　住宅復興における住む力　150
12.3　住む力をいかさない住宅復興　151
12.4　住む力をいかす個人の住宅復興　153
12.5　地域の住む力をいかす地域住宅復興　156
12.6　ハリケーン・カトリーナ災害における地域住宅復興　157
12.7　東日本大震災と住宅復興　161

刊行に寄せて　163
おわりに　166
索　引　167
執筆者紹介　171

第 I 部
「住む力」の減退と再構築の可能性

　20世紀後半の住宅問題は，その量と質という住宅そのものの問題として捉えられてきた．しかしながら量的には充足し，質に関しても一定の改善が図られた現代においても，いまだ大きな問題であり続けている．それは，住宅そのものの問題としてではなく，私たち住まい手と住宅や，私たちの社会のあり方と住宅との関係において生まれている．科学技術の進歩や，家族や地域社会の変容，働き方の変化など，社会経済的な変化をあげればきりがないが，こうした変化への対応力の格差が，個人や地域レベルで生じている．そのことがこれまでとは異なる新たな住宅問題をひきおこしている．第 I 部では，こうした住宅問題の諸相を住む力の減退との関係から論じ，住む力の再構築の可能性について考察する．

　第1章では，今日の代表的な住宅問題のうち，とくに空き家問題，高齢者の住まいの問題，ホームレス問題などに焦点をあて，その要因と対応策について論じる．第2章では，家族や地域によって支えられてきた住む力の変容について，子育てや高齢者介護などケアの領域を中心にその実情と再生の糸口を，事例を交えて論じる．第3章では，地方都市の社会構造・都市構造の変容が及ぼす住む力の減退について論じ，とくに除雪の問題を取り上げ，課題とその解決に向けた展望を示す．

第1章
今日の住宅問題と「住む力」の減退

キーワード ▶新しい住宅問題 ▶空き家 ▶高齢者の住まい ▶ホームレス
▶シックハウス ▶住む責任と義務

1.1 これまでの住宅問題と新しい住宅問題

　住宅問題とは,「住宅の質や量に関する社会的諸問題」(日本大百科全書(小学館))である．戦後の日本における住宅問題の端緒は, 第2次世界大戦後の約420万戸にのぼる絶対的な住宅不足であり, まさしく住宅の量が問題であった. また, 住宅の質の問題も深刻であり, 1950年の建設省住宅局の調べでは, 人口20万人以上の20都市において人口の約1.4％が不良住宅地区に住んでいた(法政大学大原社会問題研究所1953). 1965年当時の1人あたり畳数の全国平均値は5畳であり, とくに東京23区・大阪市の夫婦と子どものある世帯の44％が1人あたり3畳未満の住宅に居住していた(小林・駒田1969).

　これらの住宅問題に対して, 国は良質な住宅供給を主導・誘導することにより住宅の量的・質的充足を図ってきた. その結果, 現在, 住宅の戸数は世帯数を超え, 住宅の広さも持ち家に関しては欧米諸国に引けをとらないレベルに達している. 住宅の性能水準も高くなり, 地震や火事などの災害に対する安全性の向上や, トイレ・浴室などの衛生設備の専用化による保健性の向上はもちろん, 長寿命や省エネルギーの高品質な住宅が増えている.

　こうして住宅問題は解消の方向に向かっているかのように見える. しかし近年は, 社会経済情勢の変化にともなう居住貧困や居住格差の拡大などの新たな住宅問題が顕在化している. 一つは2000年以降社会問題化してきたホームレス問題や, 「マック難民」と呼ばれる, マンガ喫茶・ファストフード店などで夜を過ごす居所のない人びとの問題である. 社会保障の需要は増え続けており, 2011年に生活保護受給者は200万人を超えたが, これらの人びとを劣悪な環境の宿泊所

に囲い込み，生活保護費を徴収する「貧困ビジネス」も現れている．2009年に群馬県の無届け高齢者施設「たまゆら」で火災が発生して入所者10人が死亡した事件や，2011年に新宿区大久保で築50年の老朽化したアパートの火災で，居住していた生活保護受給者等23人のうち7人が死傷した事件は記憶に新しいが，これらは身寄りのない低所得高齢者の住宅問題を露呈している．

　路上や宿泊所，無届け施設や老朽アパートなど，適切な住まいを確保できていない人びとが多数みられる一方で，地域社会では空き家の増加が憂慮されている．空き家の増加は地域コミュニティの形成・運営の妨げとなり，地域の防犯・防災や景観にも負の影響を与えている．また，輸入材の使用や高断熱・高気密住宅の普及は，新たな健康問題を引き起こしている．建材や家具・生活用品から発生する化学物質によるシックハウス症候群，カビ・ダニなどによるアレルギー等である．人口動態統計によると，住宅内での不慮の事故による死者数は交通事故による死者の数を上回っており，とくに高齢者の浴室内における死亡事故は年々増加傾向にある．また，住宅内での熱中症も増加している．

　これらの住宅問題は，戦後の住宅問題が住宅の量的・質的不足を背景にしてきたこととは対照的に，住宅が量的・質的に充足しているなかで発生している問題である．つまり，現在の住宅問題は住宅そのものの量や質にあるのではなく，住宅と住まい手の関係性から生まれている．雇用や家族，ライフスタイルなど，住まい手を取り巻く経済社会環境は近年大きく変化しており，これらの変化は住まい手の住む力に影響を及ぼし，住む力を減退させていることが，今日の新しい住宅問題を引き起こしているといえるのではないだろうか．本章では，新しい住宅問題の諸相を，住まい手の住む力という視点から捉えなおし，その対応策を検討する．

1.2　空き家問題とその対応

　戦後の住宅不足は，住宅政策の三本柱となる住宅金融公庫法（1950年），公営住宅法（1951年），日本住宅公団法（1955年）と，住宅建設計画法（1966年）に基づく住宅建設五箇年計画により「一世帯一住宅」（第一期五箇年計画：1966～1970年）や「一人一室」（第二期五箇年計画：1971～1975年）という目標を掲げた住宅供給が推進され，早期に解消をはたした．今日では逆に住宅余剰の状態が続いており，増大する空き家が大きな社会問題となっている．最新の調査

（2008年住宅・土地統計調査）によると，全国の空き家率は13.1％にのぼっており，過去20年間で空き家の総数は約2倍に増えている．将来的には空き家率は40％を超えるという試算もある（植村・宇都2009）．

空き家の増加は，需給バランスを超えてもなお住宅の新規供給が行われてきたことも一因だが，それよりも持ち家の空き家化が増加していることの影響が大きい．空き家の内訳は賃貸用が約55％，別荘・売却用が約10％で，残りの約35％は賃貸用でも売却用でもない持ち家の空き家などである．これらの空き家には，老朽化して耐震性や耐火性に問題があり，かつ，居住者がいないために適切なメンテナンスが行われずに放置されたままのものが多い．このため，空き家の増加は地域の美観を損なうだけでなく，防犯や防災力を低下させている．また，居住者の不在は地域の人口減少や過疎につながり，町内会・自治会活動の運営や地域の祭り・イベントの開催に支障をきたすなど，コミュニティの劣化や崩壊を招いている．

空き家は，居住者やその後継者がそこに住むことをやめたり，後継者が絶えてしまったりすることによって生まれる．老いてもそこに住み続けたり，親世帯の死後は子世帯がその住宅を継承すれば，これほどまでに空き家は増加しなかったはずである．たとえ居住者や子世帯がそこに居住することができなくなっても，老朽化した家をそのままにせず，適切なメンテナンスを行って賃貸用や売却用として市場に出したり，建物を解体し更地にしたりするなどの行動がとられれば，空き家問題は発生しない．

では，なぜ居住者は老後もそこで住み続けることをあきらめるのだろうか．子世帯は居住を継承しないのだろうか．なぜ，住まなくなった住宅をそのまま放置し，空き家にしてしまうのだろうか．

最初の疑問に対する検討は次節で行うこととして，まずはなぜ子世帯は親世帯の家を継がなくなってきたのかについて考えてみたい．その大きな理由の一つは雇用環境である．日本の産業構造が，第一次産業（農業・林業・水産業）から第二次産業（鉱工業・製造業・建設業）へ，そして第三次産業（商業・サービス業）へと変化してきたことは周知の事実である．第一次産業は地域に立脚した産業であり，その地域を離れての操業はできない．しかし第二次・第三次産業になると，地域との結びつきは第一次産業ほど強くはない．むしろ物や情報の流通量が多くスピードも速い都市部に企業が集積しており，都市部の方が就労機会が多

い．国際化の進展もまた産業と地域との結びつきを弱くしている．さらに，雇用の流動化の影響もある．総務省の労働力調査（2012 年）では，雇用者 5,173 万人のうち，1,843 万人は非正規職員であり，雇用者全体の 3 分の 1 を占めている．非正規雇用の内訳の大半はパートタイム労働者であるが，労働者派遣法の改正（2004 年施行）により派遣対象業務が拡大されたことなどにともない，近年は派遣社員の割合が増加している．企業が非正規雇用者を活用する理由の一つは，景気変動に応じて雇用量を調整できるからであるが，非正規雇用者からすれば雇用期間が終了するたびに新しい雇用先を求めなければならない．終身雇用制度が主流であった時代は，一カ所に居を構えた暮らしは当たり前であったが，雇用先が固定せず数年おきに変わるのが普通になってきている状況では，雇用先の場所に応じて住所を移さなければならない者も増えている．

では，なぜ住まなくなった住宅をそのまま放置してしまうのか．たとえば高齢のために自宅で住み続けられなくなった高齢者の場合，自宅のかわりの住まいとなる病院や施設の利用料や生活費，介護費用が必要であり，これに加えて住まなくなった自宅の維持管理費を，限られた老後の資金や年金から捻出するのは困難である．住まなくなった空き家を賃貸や分譲に出す方法もあるが，日本では中古住宅市場が成熟していない．国土交通省の資料によると，全住宅流通量の中で 2008 年における中古住宅の流通シェアは約 13.5 ％しかなく，欧米諸国の流通シェアが 7〜9 割程度であることと比べて非常に低い．敷地条件によっては，建築基準法上の接道基準を満たさないために建替えができず，賃貸や分譲に出す上で支障になることもある．また，相続や税金制度も空き家の処分を妨げる要因となっている．住宅用地には固定資産税を軽減するための特例が適用されているが，住宅を取り壊すとこの特例の適用がなくなり，土地の税額が 3〜6 倍に上がることから，住宅の解体が進まないのである．

最近では，増え続ける空き家に対して，条例を制定して対応策を講じている自治体も現れ始めている．国土交通省の調べでは，2013 年 4 月 1 日時点で空き家等の適正管理に関する条例を制定・施行している自治体は 211 以上ある．この中には放置された空き家を取り締まる条例だけではなく，「ごみ屋敷」などを対象に生活・環境保全を目的としたものや，防火，防犯，美観，突風や豪雪による倒壊防止などを目的としたものも含まれている．空き家の適正管理に特化した条例は，2010 年 10 月に所沢市が施行した「所沢市空き家等の適正管理に関する条例」

が初めてである．条例の内容をみると，勧告・命令・公表などが主流であるが，なかには代執行や罰則を定めている自治体や，解体除去のための助成制度などを設けている自治体もある（桶野 2013）．しかし，これらの条例は空き家化した後の対症療法にすぎず，空き家の増大を予防することにはつながらない．高齢になっても住み続けられるようにすること，子世帯が居住を継承できるようにすること，住めないまたは住まない状況になった場合は放置せず，中古住宅市場に流通させたり，他の活用方策を実現できるようにすること，が空き家対策の本質であり，そのための対策を講じる必要がある．

1.3 高齢者の住宅問題とその対応

空き家問題の最初の疑問に戻ろう．なぜ居住者は老後も自宅で住み続けることができないのだろうか．

内閣府が全国の 60 歳以上の高齢者に対して実施した意識調査では，身体が虚弱化したときに望む居住形態について，「現在の住宅にこのまま住み続けたい／現在の住居に，とくに改造などはせずそのまま住み続けたい」という回答が 68.4％（1995 年）から 37.1％（2010 年）と約 30 ポイントも減少している．「現在の住宅を改築し，高齢者が住みやすいものとしたい／現在の住居を改造し住みやすくする」は 14.4％（1995 年）から 26.7％（2010 年）に，「公的な運営がされている特別養護老人ホームなどに入居したい／介護を受けられる特別養護老人ホームなどの施設に入居する」は 5.4％（1995 年）から 19.0％（2010 年）にそれぞれ増加している．この調査の結果は，現在の住宅を老後もそのまま住み続けられるものとして捉えていない高齢者が増えていることを示している．近年は有料老人ホームやケア付き住宅など，自宅以外の高齢期の住まいの選択肢も増えている．その結果，老後の住まいとして自宅以外を選択する高齢者が増加している．

高齢者が自宅に住み続けられない理由は，高齢者の心身面の変化と家族構造の変化にある．65 歳以上の高齢者人口が総人口に占める割合を高齢化率というが，日本の高齢化率は 23.3％（2012 年）であり，西欧諸国の 15〜20％，米国の 13％に比べて高い．世界保健機関（WHO）や国連の定義では，高齢化率が 7％を超えた社会を「高齢化社会」，14％を超えた社会を「高齢社会」，21％を超えた社会を「超高齢社会」といい，日本は「超高齢社会」である．高齢化にともない心身機能は衰え介護や医療が必要となるが，医療制度改革等により病院の在院期間は

短くなる傾向にあり，急性期医療以外は病院での入院治療ではなく，地域の高齢者施設もしくは在宅で療養しながら生活することが当たり前になっている．このため，ADL（日常生活動作：日常生活を送るために必要な基本的な動作群を指し，高齢者や障がい者等の生活の自立度を評価する指標として用いる）の衰えや認知症など，心身面に多少の支障を抱えていても，自宅で日常生活を送らなければならない高齢者が増加している．他方，高齢者世帯の半数以上は単身世帯や夫婦のみの世帯であり（高齢社会白書 2010），同居家族がいないために老後の介護や生活支援を家族に期待できない高齢者が増えている．このことが自宅で住み続けることを阻んでいるのである．先の内閣府の調査の結果を家族形態別にみると，単身世帯では「公的な運営がされている特別養護老人ホームなどに入居したい／介護を受けられる特別養護老人ホームなどの施設に入居する」の割合が高くなっており，1995 年の調査では 11.9％，2010 年の調査では 22.8％で選択肢の中で 2 番目に高い割合となっている．一方，本人と子と孫の世帯では「現在の住居に，とくに改造などはせずそのまま住み続けたい」が 2010 年調査でも 47.8％と約半数を占めている．同居家族の不在が居住継続の妨げとなる状況は今後も増え続けると予想される．

　家族介護の問題を解決するため，2000 年に介護保険制度が創設され，在宅介護サービスの提供や住宅改修が実施されるようになった．介護保険制度における要介護認定者のうち，65 歳以上の人数は 2009 年度末で 469.6 万人であり，第 1 号被保険者の 16.2％を占めている．高齢者の単身世帯や夫婦のみ世帯が今後も増え続けるなか，家族介護にかわる生活支援の需要はより多くなっているが，介護保険財政はすでに逼迫しており，制度の見直しや改正が行われている．2011 年の改正では基本目標に「孤立化のおそれがある『高齢単身・夫婦のみの世帯』の生活支援」が追加され，2012 年度からは 24 時間地域巡回・随時訪問サービスなどが付加されたが，介護・看護職の人材不足やサービス利用者の自己負担額などの課題があり，初年度にこのサービスを開始する自治体はわずか 12％にとどまっている（東京新聞 2012 年 9 月 9 日）．

　このようななか，2011 年に高齢者の居住の安定確保に関する法律が改正され，サービス付き高齢者向け住宅の供給が促進されることとなった．法が改正されたおもな理由は，今後の高齢者世帯の増加に対し高齢者を対象とする住宅の数が少なく，先進諸外国との比較においても高齢者数に対する高齢者住宅の割合が著し

く低いからであり，国は今後10年間で60万戸のサービス付き高齢者向け住宅の供給を目標とした．2013年3月末でその登録棟数は3,393棟，登録住戸数は109,308戸にのぼる．サービス付き高齢者向け住宅には，安否確認と生活相談サービスを提供することが規定されている．老後の不安を軽減・解消するためにサービス付き高齢者向け住宅への住み替えが期待されている．

　しかし，サービス付き高齢者向け住宅には課題もある．鈴木（2009）は，住宅には「空間的な排他的独占的使用と時間的に自由な選択的使用」という特徴があるという．つまり，住宅は居住者の許可なく他者は立ち入ることができない場所であり，住宅内でいつ何をするかは居住者自身が自由に決められるというのである．しかし，介護保険制度の導入，とくに制度改正後の24時間サービスの強化により，家族以外のヘルパーやケアマネジャーなどが鍵を管理して夜間にも出入りするようになっている．排せつや入浴などの生活行為はサービスの提供時間に合わせて実施されるようになり，居住者自身のコントロールが効かなくなってきている．サービス付き高齢者向け住宅制度にも，鈴木のいう住宅の特徴からの乖離が見られる．見守りや安否確認などを住宅にパッケージ化して提供することがこの住宅の特徴であるが，それには他者の介在がともなっている．介護型のサービス付き高齢者向け住宅になると，食事の時間や入浴の時間などに制約がある．何より疑問なのは，パッケージ化したサービスで本当に「安心」が確保されるのかどうかである．一般に，見守りや安否確認などの「安心」の提供は，近隣住民をはじめ，地域コミュニティや家族・親類縁者などによって支えられるものであり，「安心」の提供が機能するのは，住まい手自身がサポートをしてくれる人やコミュニティに対して心を開き，信頼関係を構築しているからである．「安心」，「安全」の確保はサービスの付与によって多少は充足されるかもしれないが，最終的には住まい手自身の力が重要なのである（阪東2011b）．

　また，サービス付き高齢者向け住宅は「住み替え」を前提としている．自宅での居住継続とは異なる方向を向いたものであり，空き家の増加につながるおそれもある．さらには，2011年3月の東日本大震災でも明らかになったが，高齢者が集住することが災害時の避難や安全確保の上で逆にデメリットになる恐れもある．過剰なサービスの付与はかえって高齢者の自立の妨げになりかねない．本当に必要なのは，本人の能力を維持していかすようなシステムづくりである．そのためには，まずは自宅におけるADLの低下を補うための生活支援サービスの提

供や住宅改造などの助成を充実させ，今の住宅に住み続けられるように高齢者の住む力をサポートしていくことが求められる．

1.4 ホームレス問題とその対応

　空き家が増え，サービス付き高齢者向け住宅の供給が進む一方で，ホームレスや「マック難民」など住宅のない人びとがいる．居住貧困や居住格差を最も顕著に表しているのがホームレス問題であろう．

　2002年8月に10年間の時限立法として「ホームレスの自立の支援等に関する特別措置法」が制定されたが，2012年6月の国会決議により，有効期限がさらに5年間延長されることになった．2003年の実態調査では25,000人を超えていたホームレス数は，2009年の調査では13,000人強に半減し，2012年には10,000人以下にまで減少した．これは，この間のホームレス施策や民間団体の取り組みによる効果といえる．しかし一方で，マンガ喫茶やファストフード店，保護施設や無料低額宿泊所などを利用する，安定した居所をもたない人びとの存在も多数確認されている．厚生労働省の調査（2007年）では，「住居喪失不安定就労者」の人数は全国で約5,400人と推計されており，ホームレス自立支援センターは，毎年5,000～6,000人以上の利用（2003～2006年度実績）がある．このほかにもシェルターと呼ばれるところには年間1,000人単位のホームレスの人びとが寝泊りしている．入所型の生活保護施設の在所者数は約20,000人であり，無料低額宿泊所や無届施設や無認可施設などには30,000人近い生活保護受給者が生活している（阪東2011a）．これらの「住居喪失者」は，一時的な施設を経て最終的には安定した居所に移行することが期待されているが，実際にはその多くは，路上生活との往還を繰り返している（安江2009）．

　ホームレスや非住宅居住者が増加する原因はどこにあるのだろうか．大きな理由は不安定雇用や失業・失職により，住宅を確保・維持するための安定した収入がないことである．経済的な理由以外にも，頼れる家族・親族がいないために就業や住宅取得の際に必要な保証人が確保できないことや，多重債務からの逃避などの理由もある．しかし最も根本的な理由の一つは，それまでの居住歴と住宅に対する志向・要求の低さであると思われる．ホームレス状態から生活保護によってアパートを確保した人に対する調査（阪東2004）では，3人に1人が過去に簡易宿泊所や飯場で生活しており，これまでに最も長く住んだ住まいの形態として

簡易宿泊所や飯場をあげた人が，親・親族の家や持ち家の人を上回っていた．また，ほとんどが長期にわたって一人暮らしを続けてきていた．単身生活が長い理由は，日雇い労働や派遣・パートなどの就労形態が結婚や家族との同居を困難にしていたからである．居住形態と家族形態との関連をみると，簡易宿泊所や飯場など住宅以外の建物に居住している間の家族形態は一様に単身世帯であり，持ち家や民間賃貸住宅などの比較的安定した居住形態では家族との同居形態がみられた．居住形態と就労形態との関連をみると，安定した居住形態のもとでは，安定した就労についている様子がみられた．一方，ホームレス自立支援センターの利用者に対する調査（阪東 2010）では，就労してアパートが借りられるほどに貯蓄ができても，退所後にアパートを借りずにネットカフェやサウナ，簡易宿泊所などを拠点にして生活する者がいた．これらの人びとにとっては，住宅は寝床以外の意味をもたず，それ以上の機能を求めていない．これは，ホームレスに至るまでの居住歴がもたらした住まいへの期待の希薄化の結果であるように思われる．

　同様の傾向は，シェアハウスやゲストハウスを選択する一部の若者の中にもみられる．趣味や年代が共通した他人との共同生活に魅力を感じてこれを選択しているのであろうが，シェアハウスやゲストハウスの中には，居室部分がカプセルホテル並みに狭小なものがある．中には「違法貸しルーム」と呼ばれる建築基準法の防火関係規定違反などの疑いのあるものもある．同居者とのつながり以外の住まいの機能がそれほど重視されていないことから，このような空間にも大きな不自由を感じずに住むことができるのだろう．ホームレスの人びとやシェアハウスを選択する一部の若者たちに共通するのは，これらの人びとにとって，住まいは老いまでの人生設計を描きながら生活を形成していくための器では決してないということである．ここに問題の所在があるのではないだろうか．

　居住貧困や居住格差は，新自由経済主義に基づく社会構造（外因）によってつくられたものであるとの考えから，居住の権利を求めて国による社会構造の是正や住宅セーフティネットの構築が強く求められている．しかし一方で，居住貧困や居住格差を個人の責任とする見方もある．個人の責任とは，努力や勤勉性なども含まれるが，住まいとの関係からいえば，個人やコミュニティの住む力（内因）を指す．この住む力が弱体化していることによって，居住貧困や居住格差が生まれていると考えることができる．居住の権利を求めるからには，その権利と

一対にある居住の責任と義務をはたさなければならないはずであり，その遂行には個人やコミュニティの住む力が必要なのである．住む力は，本来私たちの中に備わっている，暮らしの基礎を築く力の一つであり，居住の責任と義務をはたすなかでさらに醸成され強くなっていくものである．しかし，現在の日本社会では，居住の責任と義務を自覚せず，住むことに強い主体性をもたない人が増えてきており，住む力は大きく減退してきている．ホームレス問題の解決のためには，安定した就労環境と家族にかわる居場所の創出を行い，住宅に対する志向や要求を高め，老いまでの人生設計が描けるような安定した住まいを確保することによって，個々人の住む力の再構築を図ることが重要である．

1.5　住まいの健康問題とその対応

近年の住宅問題には，シックハウスやアレルギーなど住宅が原因となる健康問題や，ヒートショックが原因の浴室やトイレでの死亡事故などもあげられる．

シックハウスとは，住宅の建材や家具・生活用品に含まれる化学物質が原因で起こる健康障害である．また，アレルギーには，食品由来のものだけでなく住宅内におけるカビやダニ，ハウスダストが原因で発症するものもある．シックハウスは新築物件での発生が多いことから，2003年に建築基準法が改正され，建材や換気設備が規制された．これによりシックハウスの被害相談は減少しているが，近年はリフォーム工事や，スプレー剤など生活用品の持ち込みによる被害例がみられる．

日本の住宅は高断熱・高気密化してきており，エネルギー負荷を抑え，快適性を高める工夫が施されてきている．旧来の隙間風の多いあばら家とは異なり，冬は外からの冷気を遮断すると同時に暖房による暖気を逃がさないようにし，夏は外からの熱波を遮ってエアコンの冷気を逃がさないようにしている．しかし一方で，高断熱・高気密住宅は，計画的な換気を必要とする．意識的に換気しないと，湿度管理や汚染された空気の入れ替えができない．高断熱・高気密住宅は，通常は24時間換気システムが稼働して空気質を良好に維持するように設計されているのだが，節電を理由にそれを止めてしまったり，適切に換気するために必要な給気口の開口を怠っていたり，給気口の清掃不足による汚れなどから十分な給気量が確保されなかったりすることがあり，これが換気を妨げ，化学物質やカビ・ダニの発生の一要因となっている．

一方，入浴事故のおもな原因は，脱衣室・浴室の室温と浴槽内の湯温との温度差によるヒートショックである．ヒートショックとは，急激な温度変化で血圧が変動を起こすことで，脳出血・脳卒中や心筋梗塞を引き起こすこともある．日本では欧米にみられるセントラルヒーティングのような住宅全体を暖める暖房方式ではなく，部屋ごとに設置されたエアコンや，ストーブ，こたつなどによる部分暖房方式が一般的であり，このため人が集まる居間と利用頻度の低い廊下やトイレ・浴室との温度差が大きく，これがヒートショックを起こす原因となっている．2012年度の推計では全国で年間約17,000人に入浴中の死亡事故が発生しており（東京都健康長寿医療センター 2013），その数は当時の年間交通事故死者数約7,000人を大きく上回っている．

　シックハウスやアレルギー，ヒートショックは，住まい手の住宅に対する知識や住まい方など，住まいに関するリテラシーの欠如に要因があるといえる．住宅自体がいくら高機能化しても，そこに住む者がその機能を理解して上手に使いこなさなければ意味がない．逆に住宅が高機能化すればするほど，住まい手には高いリテラシーが求められているのである．

　住まい手のリテラシーの低下は，便利家電やネット家電の普及にも影響を受けていると思われる．家事の省力化・簡略化が図られることで，住まい手が住まいに直接かかわる機会が減少している．たとえばお掃除ロボットは住まい手が操作をしなくても清掃してくれるので便利だが，清掃の手間が省けることで逆に埃やゴミに無頓着になってしまうおそれがある．自らが住まいのメンテナンスに直接かかわることで，埃が立たない住まい方を模索したり，清掃中の換気に気を配ったり，住まいの傷みや汚れの程度に気づいたりすることができる．またこのことがさらに住まいを良好に保つことにつながる．私たちは，便利さと引きかえに，知らず知らずのうちにこのような力を失ってしまっているのではないだろうか．住まい手の生活に対して快適性や利便性などの向上を目的に多様なサービスが提供されてきているが，結果としてこれらのサービスが住まい手の住む力を減退・弱体化させており，それを補うために行政が介護・福祉等のサービス提供を行うことで，さらなる住む力の弱体化を招いている．これは住む力を減退させる負のスパイラルである．

1.6　住む責任と義務

　2006年に住宅建設計画法にかわって住生活基本法が制定された．住宅建設計画法から住生活基本法への移行は，今日の住宅問題が住宅の量や質に関するものではなく「住生活のあり方」であるということを示している．このことは，住宅建設計画法が国と地方自治体の責務にしか触れていなかったことに対し，住生活基本法では事業者や居住者の責務にも言及していることにも表れている．新法では居住者にも，住生活の安定向上の促進のために相互に連携協力すること，が責務として課されている．

　住宅宅地政策の基本理念には，住宅宅地政策の意義は「広くて質の高い住宅宅地を確保しやすい環境の整備，良好な街並みの誘導，自力では望ましい居住を確保できない者への的確な支援等を通じた『全ての国民が自らの努力に応じて良質な居住を確保するための環境整備』」とある（住宅宅地審議会2000，傍点筆者）．つまり，住宅宅地政策は自助努力が前提なのである．しかし，不安定雇用や低収入，社会的地位や居場所の喪失，未婚化・単身化，生活サービスの社会化・外部化により，多くの居住者は経済的にも社会的にも弱体化してきている．そしてその状況は，住宅宅地に対して抱く志向や要求，あるいは住宅宅地に対してとる行動にも変容をもたらし，「住む責任と義務」の弱体化や放棄につながっている．今日の主要な住宅問題のほとんどは，「住む責任と義務」の弱体化や放棄が招いたものだといっても過言ではない．

　前述したシックハウス，アレルギー，ヒートショック以外にも，室内での熱中症，孤独・孤立死，ドメスティックバイオレンス（DV）や児童・高齢者虐待，都市型災害など，「住む」ことにまつわる問題は多々あるが，これらは住宅の質や量の向上で解決する問題ではない．一方で，シェアハウスや無料低額宿泊所など，高性能・高機能とは逆行する住まいの形態が登場しているが，これは「住まい」に高性能・高機能を求めない住まい手が相当数おり，需要があるということである．ホームレス自立支援センターの利用者や，狭小な居室のゲストハウスを利用する若者に共通するのは，相応のコストをかけてまで一般的な住宅を確保することに意味を感じていないということである．住宅に住まうということは，ある程度長期的な展望にたち，結婚や子育てなど自分自身の家庭を築き，老いまでの人生設計を描きながら生活を形成していくことである．また，住宅に住まうということは，その住宅が立地する地域社会との関係を構築することでもある．し

かし，現在はこのような人生設計を描かず短期的な展望で生活を送っている人びとが増えており，住宅への期待はおろか地域に暮らすという意識も欠如している．

現在の住宅施策の争点のひとつに，自力では望ましい居住を確保できないいわゆる住宅困窮者に対する「住む権利」の保障があるが，権利の保障だけでは問題は解決しない．住まい手が主体となって「住む責任と義務」を適切に遂行することが求められるのであり，そのためには適切な住まいの提供と同時に住む力の向上を図ることが求められる．「住む責任と義務」の遂行のためには，自らが主体であることの自覚が必要である．決して「お客さん」であってはならない．行政や市場によるサービスの提供は，住まい手を「お客さん化」している（山崎2012）．その意味ではまちづくりでよく使われる「住民参加」も誤解を生む言葉である．「参加」という言葉は，主催者が行政や事業者など住民以外であるかのような印象を生む．最近見直されている共助の概念もまた，「住む責任と義務」の遂行からみれば誤解をもたらす概念である．共助は，あたかも他者のために助け合うかのような印象を与えるが，実際には自分が地域社会に対して担っている責任と義務をはたすことにすぎない．集落に受け継がれた講やもやいも助け合いの仕組みではあるが，それらはいつか自分がその世話になることを想定して，集落社会に対して負った責任と義務だと解釈できる．このような集落社会に戻ることを提唱するわけではないが，今の暮らしや住まいのなかできちんと「住む責任と義務」をはたすこと，そのために必要な住む力について私たち一人ひとりが自覚をもって向き合うことが必要である．

1.7 住む力の再構築に向けて

住宅困窮層が住宅を確保する上での障壁は，価格だけではなく，保証人や敷金・礼金など住宅取得の手続きや，大家・不動産店による入居制限などの問題も大きい．これらは大家・不動産店が，住まい手の住む力の脆弱性を危惧しているからだと解釈できる．したがって，住宅セーフティネットのあり方としては，低廉な価格の住宅供給や家賃補助などの方策の整備だけではなく，住まい手の住む力を補完する方策を併せて整備することが重要である．

住宅を確保した後も，安定した適切な居住をいかに継続していけるかが課題である．医療や介護が必要になった時や，経済的な問題を抱えた時など，住む力が

衰えても安定した居住継続が可能となるような施策が必要である．ホームレス問題や要介護高齢者の問題はほとんどが居住継続の困難性に起因している．現行では居住継続のための施策がほとんどないが，今後はこの部分に焦点をあてた施策整備が必要である．つまり，低所得層を含む住宅困窮層に対して，現在はもっぱら経済的問題から住宅が取得できないという視点で対策を検討しがちであるが，住む力が弱体化しているがゆえに適切な居住を確保できていない者に対する福祉施策（居住権の保障）として検討する必要がある．

具体的提案としては，住居法（住まいの取得手続き，住まいを取得した後の維持管理などに関する取り決め）の制定，住まい手の住む力に合わせた住宅性能・水準の設定，住まい手の住む力を補完するサービスの創設と提供（近隣等インフォーマルセクターからのものを含む）などが考えられる．また，在宅医療や在宅介護の進展にともない，とくに医療や介護に関連する住む力の補完を視野に入れた住宅計画や制度（改修や診断などに関する相談・助成など）のあり方の検討も必要である．

住む力の再構築は，多発する災害に対応するためにも重要である．東日本大震災では，スーパー防波堤がかえって津波の音や大きさを消してしまい，身近に迫るまで災害の状況が把握できなかった．また，住宅の防音性能の高度化は防災行政無線受信の妨げとなることがある．物理的な環境整備だけでは災害から身を守ることは困難である．「津波てんでんこ」の教訓だけではないが，これまでに培われてきた災害から生命・生活を守る工夫をいかし，個々人のリスクマネジメント力を高めることによって，安全・安心な住まい・まちをつくるという方向に舵を切りなおすことが大事である．たとえば，災害対策としては，防災・減災のいずれの方策をとるとしても，予測から発災後の経過の一連が「見える化・聞こえる化」するような計画・整備にすることも一つの方法であろう．

公的関与を減らし市場を重視した住宅施策や高機能化・高性能化を目指す企業姿勢など，現在の施策・対応には限界がある．住まい手自らが維持・管理できる範囲の機能・性能に収め，住まい手自身が実際に維持・管理できるような仕組みを提示していくことが，今後の住宅施策には求められる． ［阪東美智子］

● **参考文献**
植村哲士・宇都正哲（2009）「人口減少時代の住宅・土地利用・社会資本管理の問題とその解決

に向けて—2040年の日本の空家問題」知的資産創造，17 (9), 62-75
久保田裕之 (2009)『他人と暮らす若者たち』集英社新書
厚生労働省 (2003)「ホームレスの実態に関する全国調査報告書」
厚生労働省 (2007)「住居喪失不安定就労者等の実態に関する調査報告書」
厚生労働省 (2008)「ホームレスの自立の支援等に関する基本方針に定める施策に関する評価書」
厚生労働省 (2009)「社会福祉法第2条第3項に規定する無料低額宿泊事業を行う施設の状況に関する調査の結果について」
厚生労働省 (2009)「社会福祉各法に法的位置付けのない施設に関する調査の結果について」
厚生労働省 (2010)「平成21年社会福祉施設等調査結果」
厚生労働省 (2012)「ホームレスの実態に関する全国調査報告書」
高齢者住宅研究所「サービス付き高齢者向け住宅登録の動向 2013.3.31現在」
小林陽太郎・駒田 栄 (1969)「居住環境と居住条件」金沢良雄ほか編『住宅問題講座第7巻 住宅環境』有斐閣，114-135
住宅宅地審議会 (2000)「21世紀の豊かな生活を支える住宅・宅地政策について（住宅宅地審議会答申の全体構成）」
鈴木 晃 (2009)「高齢者の居住継続支援のための住宅対策—「住まいとケア」の関係を確認したうえで」保健医療科学，58 (2), 107-113
総務省「労働力調査（詳細集計）平成24年10〜12月期平均（速報）結果」
東京救急協会 (2000)「平成12年度 入浴事故防止対策調査研究の概要」
東京都健康長寿医療センター (2013)「東日本における入浴中心臓機能停止者（CPA状態）の発生状況—東日本23都道県の救急搬送事例4264件の分析報告書」
内閣府「平成6年度高齢者の住宅と生活環境に関する調査結果の概要」
内閣府「平成22年度高齢者の住宅と生活環境に関する意識調査結果（概要版）」
内閣府「平成24年版高齢社会白書」
阪東美智子 (2004)「生活保護による生活再建と課題—釜ヶ崎サポーティブハウス居住者調査」住宅総合研究財団研究助成事業『寄せ場型地域—山谷，釜ヶ崎—における野宿生活者への支援—「自立」支援と結合した居住支援の課題』住宅総合研究財団，9-38
阪東美智子 (2010)「「住む力」から考える居住の貧困」建築とまちづくり，6 (389), 8-12
阪東美智子 (2011a)「居所のない生活困窮者の自立を支える住まいの現状—路上から居住への支援策」月刊福祉，94 (3), 22-25
阪東美智子 (2011b)「高齢者住まい法の改正について」住宅会議，82号，15-19
樋野公宏 (2013)「空き家問題をめぐる状況を概括する」住宅，2013.1, 4-14
藤森勝彦 (2010)『単身急増社会の衝撃』日本経済新聞出版社
法政大学大原社会問題研究所 (1953)『日本労働年鑑 第26集 1954年版』
安江鈴子 (2009)「ホームレス—全国の実態と問題」日本住宅会議編『住宅白書2009-2010 格差社会の居住貧困』ドメス出版，57-59
山崎 亮 (2012)『コミュニティデザインの時代』中公新書

第2章
家族の変化と「住む力」の減退

キーワード ▶家族 ▶世帯の多様化 ▶アウトソーシング化 ▶子育て世帯
▶ケアワーク ▶シェア居住

2.1 地域生活者から主体性のない消費者へ

　2006年に発表された住生活基本計画は，住宅について「人生の大半を過ごす欠くことのできない生活の基盤であり，家族と暮らし，人を育て，憩い，安らぐことのできるかけがえのない空間であるとともに，人々の社会生活や地域のコミュニティ活動を支える拠点でもある」と謳っている．しかし，計画が想定する住まいと家族のあり方・関係は大きく変化している．働くことを希望する者にとって，家族を形成することは，負担やリスクがともなう．

　働く世代の意識やライフスタイルは変化し，キャリアパスを最優先して結婚あるいは，結婚しても出産をしないという選択が社会的に認められ広がりつつある．かつてのように「女性は結婚しさえすれば，年功序列賃金慣行によって夫の収入増大が期待できる」という時代ではない．長引く不況の中で，男性は安定的な職を得ることが難しくなった．共働きでなんとか生計を立てている夫婦の場合，出産などのため片働きになることで生活苦に陥る．現実に少子化の要因のなかで，未婚化・晩婚化と並んで既婚女性の出生率の低下が挙げられている．離婚率は上昇傾向にあり，ひとり親の数は増加し，ひとり親世帯は貧困問題を引きずっている．いずれにしても，その問題の根底にあるのは，仕事とケアの両立困難である．戦後，ほとんどのケア労働を専業主婦に押しつけてきたつけが，今まさに回ってきている．

　かつて，家族や地縁関係の内部で，ほとんどの生活行為が完結していた時代，その成員の結びつきは強固なものでなければならず，個々人の役割もまた明確であった．自宅出産は一般的であったし，高齢者を自宅で看取るということもめず

らしくはなかった．食についても，食材を選別し，それを一から調理する．そして，おおよそ決まった時間に，食卓に上がった料理を家族と共食することが一般的であった．手間のかかるおせち料理や漬物，梅干しなどの保存食なども，家ごとの手法が代々受け継がれていた．結婚式や葬式などの冠婚葬祭は，地域の重要な催しであり，家族では手に余る作業を，住民で補完しあうという関係があった．農村漁村集落においては，相互扶助の「結い」というシステムがいまだに残る地域もあるが，こうした仕組みの名残が都市部においても少なからず見られた．かつては，そこに住み，自助あるいは共助によって生活を営む住む力は担保されていたのである．

しかし，そういった生活機能の多くが「住まい」や「地域」から切り離され，市場サービスによって代替されるなど，アウトソーシング化される傾向にある．出産の場も臨終の場も病院が一般的となった．食についても外食，「中食」の依存度が高まり，家族が共食する機会も減少しつつある．おせち料理や保存食についてもスーパーやコンビニで手軽に購入できるようになった．冠婚葬祭市場では，価格とサービス内容があらかじめ設定されたパッケージ化が一般的である．こういった生活を取り巻く環境の変化により，私たちは，伝統的・文化的な行事の手順やマナーを継承するという機会を喪失し，それについて思考する，選択する，調整するといった能力はそがれることとなった．そして何よりも，他者とかかわり協調したり，何かを協同したりという必然性を失ってしまったのである．

このように，私たちは，生活機能の一部分あるいは大部分を市場サービスに依存しつつ生活しているが，それらのサービスは，利用者の主体性を育むものにはなりえておらず，むしろ家族や地域がつながる必然性を阻む，いわば人びとの住む力を減退させるものになっている点に問題があるといえる．

本章では，家族や地域によって自助あるいは共助で支えられてきた住む力，とりわけケアの領域が，その関係の変化によって減退している実情を概観するとともに，個々人の住む力をいかに回復させるか，その糸口を模索する．

2.2 ケアの担い手である専業主婦の喪失

かつて，①性機能（結婚という契約の範囲内でのみ許容され，すなわち社会の新たな正員を産み出す），②社会化機能（子どもを育て，社会に適応できる人間教育を施す），③経済機能（共同生活の単位としての，生産と消費），④情緒安定

機能（外界から一線を引いたプライベートな場としての憩い），⑤福祉機能（働くことのできない病人や老人を扶養・援助する）は，家族でしかはたせないものであるといわれてきた（森岡・望月 1983）．しかし，時代の流れとともに，これらの機能は，縮小または喪失，あるいはアウトソーシング化されつつある．

　上野（2009）は，子や父や母を自分の手でケアすることを選択した者は，さまざまな社会的不利益を経験すると指摘している．同様に，Fineman（2009）は，子どもや高齢者などケアが必要とされる者たちの状態を「一時的依存」（primary dependency），ケアを引き受ける者が陥る状態を「二次的依存」（secondary dependency）と呼び，家事や育児，介護などの日常的なケアワークを引き受ける者は，それに専念せざるをえず，ゆえに，経済的には他者に依存するほかないと述べている．わが国においては，ケアを引き受ける依存者（女性＝主婦）と被依存者（男性＝世帯主）という構造が一般的である．男は仕事，女は家事という性別役割分業規範のもとに，この依存構造は成り立っている．長らくの間，家庭内のケアワークは専業主婦の無報酬労働（アンペイドワーク）に支えられ，私的領域を超えて露呈することはなかった．加えて，自助では解決できない不足の部分を補完してくれる地縁など地続きのコミュニティ関係も強固であった．しかし，近年急速に進行する世帯の多様化や家族関係の変化のなかで，ケアのおもな担い手であった専業主婦は消失しつつある．

　わが国における女性の労働力率は，高校あるいは短大（大学）卒業後に上昇し，その後，結婚や出産を機に急激に低下，そして子育てを終えると予測される 30 代以降ゆるやかに上昇する，いわゆる M 字型カーブとなることが特徴的である．高度経済成長期以降，職場の新陳代謝を高めるという名目から，企業は女性の早期退職を積極的に奨励し，なかには結婚退職制度を採用する企業も存在した．1971 年，「女子労働者の雇用管理に関する調査」（労働省）によると，結婚退職制度を採用している企業の割合は 8.9％，妊娠出産退職制度を採用している企業は 8.8％である．この当時，働くことを希望しつつも，退職を余儀なくされた女性は少なくなかったであろう．結婚が永久就職と表現されたように，女性にとって専業主婦以外の選択肢は非常に限られていた．

　しかし，総務省の労働力調査によると，近年，この M 字型の凹みがゆるやかになり，むしろ台形型に近づきつつある．男女雇用機会均等法（1972 年）や育児休業法（1992 年）の施行により，女性の職場環境は整備されてきた．また，

男子だけではなく，女子に対しても十分な教育を施し，学歴を身につけることや一流企業に入社することを望む親は多くなった．厚生労働省の「働く女性の実情」調査（2008）によると，女性の大学進学率は1985年の13.7%から2008年の42.6%へと増大しており，男女の大学進学率の格差も縮小傾向にある．

こうした流れのなかで，結婚，出産というライフイベントにかかわらず，一生涯を通して働き続ける女性は，今やめずらしい存在ではなくなった．また，夫の経済力のみでは，生活が成り立たず，パートに従事する主婦層も増加している．内閣府の「少子化の状況及び少子化への対処施策の概況」調査（2010）によると，共働き世帯は増加し続けており，1990年代半ばには専業主婦世帯を上回っている．

2.3 アウトソーシング化される家族機能

共働き世帯は増加の一途をたどっているが，家庭内のケアワークはいまだ女性の仕事とされる傾向が強く，「男は仕事，女は家事」という「性別役割分業」から，「男は仕事，女は仕事と家事」という意味を表す「新性別役割分業」であると揶揄される．実家や親類など，私的な支援が期待できる世帯もあるが，すべてがそういった環境にあるわけではない．働く女性たちは，忙しく時間の余裕のないなかで，いかに合理的に日々のケアワークを処理していくのかということが求められる．家事労働の効率化を謳った電化製品が次々と開発され，売れているようである．

食事についてもアウトソーシング化の時代となった．食材を選別して家庭内で一から調理するという機会が減り，コンビニ弁当や総菜，冷凍食品など，「中食」への依存度が高まっている．また，内閣府の第二次食育基本計画によると，朝食や夕食を家族でとる「共食」の回数は週平均9回であり，家族一緒に食事する機会は減って，それぞれが都合のよい時間に好きなものを「孤食する」というスタイルが一般化した．週末などに，家族が共食する機会は，特別なイベントとなり，妻（子にとっては母）の負担軽減のために，外食するという傾向が高まっている（読売新聞2012年11月5日）．また，前掲の内閣府の資料では小中学生の朝食の欠食率も増加傾向にあることがわかっており，その半数が「時間がない」ことを理由に挙げている．

食事とは，単なる栄養補給ではなく，人とのかかわりの場でもあり，コミュニ

ケーションの場でもある．とりわけ子にとっては，教育の場でもありえる．食材の選定，栄養に関する知識，調理方法，箸の持ち方などマナーを学ぶ場でもある．そして何よりも，自分のために料理をつくってくれたという愛情を感じる機会であると同時に，調理してくれた人への礼節を学ぶ機会でもある．こういった機会の喪失は，確実に子の社会化を阻むものになるだろう．

育児はどうだろうか．未就学児を有する共働き世帯にとって，保育所の利用は必須であるが，地域によっては多くの待機児童を抱えている．このため，高額ではあるが，認可外保育施設や24時間対応のベビーホテルを利用する世帯も少なくない．厚生労働省の2009年度認可外保育施設の現況のとりまとめによると，認可外保育施設は全国で7,400カ所（前年度から116カ所の増加），入所児童は17万9,676人であり，ベビーホテルは1,965カ所（前年度から61カ所の減少），利用者数は30,712人であった．このほか，保育所の多くは病児の対応をしていない．自治体でも低料金で利用できる育児サポーター派遣事業を実施しているが，当日の緊急利用が難しいといった課題がある．小学校に進学すると下校時の子への育児支援は手薄になる．これを補うために，全国に学童保育が設置されている．2012年の全国学童保育連絡協議会調査によると，学童保育は全国に2万853カ所設置されており，入所児童は84万6,919人である．法制化後14年が経過したが，その数はいまだに不十分であり，潜在的な待機児童数は50万人以上と推定されている．

とりわけ都市部において，育児支援を要請できる地縁関係はほぼ消滅している．子の友だちの親などいわゆる「ママ友」との関係もないわけではないが，見返りを期待される関係をわずらわしく思う風潮は強い．何よりも，問題が生じた時に責任の所在が曖昧な個人よりも，それが明確な行政や企業のサービスを好む傾向は高まりつつあるというのが現状である．

こういったことから，一部の共働き世帯では，家事や育児をアウトソーシング化する動きも見られつつある．たとえば，近年，病児保育を専門に行うNPOや企業が増加している．多くが自宅訪問型であり，インフルエンザなどの感染症にも対応している．当日の緊急利用も可能であり，必要であれば，小児科への受診代行や医師の往診にも対応してくれる．また，放課後，子のいる自宅に訪問し，掃除や食事の準備，入浴支援，必要であれば，塾や習い事の送迎まで行うという企業もある．企業の中には，親の出張に同行する子をホテルなどでケアするサー

ビスメニューまで用意しているところもある．他方で，経済的に市場のサービスにアクセスできないひとり親からは，「病気の子を一人残して出勤した」という話はよく聞く．これは，看病のために欠勤が続けば，リストラの対象となり，生活がなりたたなくなる事情があるからである．

2.4 多様化する家族と住む力の減退

家族は「一つ屋根の下でともに住まうもの」という規範は崩れつつある．このため，育児などのケアワークを家族メンバーで協同したり分担したりすること自体が難しいというケースも少なくない．

地域間移動の増加，企業組織の巨大化による営業所や支店の増設と終身雇用制などといった企業側の要因と，家族側の諸事情が絡み合い，有配偶であっても単身で居住地移動をする「単身赴任」というスタイルはめずらしいことではなくなった（山本 1987）．また，単身赴任の最も大きな理由は「子の教育」であり，このほか「家の維持管理」や「妻との共働きのため」などが続くという．国勢調査によると，1980年に33万4,000人であった単身赴任者は，2005年には60万5,000人に増大している．また，佐藤（2007）によると，転居を必要とする人事異動を行う企業や単身赴任者のいる企業の割合は漸増傾向にある．そのなかで，女性の単身赴任者を有する企業割合も増加傾向にあるという．とりわけ，研究職などの場合，自身の専門性に合致するポストを求めて居住地移動をする確率は高い．移動する側が女性であり子を有する場合には，子同伴で勤務地に赴く「母子赴任」のケースが多くなると推察される．このほか，長距離通勤の解消や生活の合理化のために，別居を選択するというケースも少なくないと考えられる．このように，住まいにおける家族の空間的な距離や「家庭」の意味は多様化している．

「週末婚」（夫婦が週末だけともに住む），「別居婚」（婚姻関係にある夫婦が互いに住まいの拠点をもつ），「家庭内別居」（夫婦がともに住んでいても活動時間や精神的なすれ違いから，空間は共有するが，行動や時間は共有しない）などの流行語は，現代の夫婦のあり方を映し出しているといえるだろう．

また，1980年代ごろから離婚率は増加傾向にある．有子であり，かつ離婚を選択する，ひとり親世帯も増加している．

中田ら（2001）は，男は仕事，女は家事という規範が浸透している社会において，ひとり親になるということは男女いずれにとっても多大な困難がつきまとう

と指摘している．たとえば，母子世帯は結婚時に専業主婦である割合が高く，キャリアのない彼女らが離婚や死別を機に条件のよい職を獲得することは難しい．これに育児負担が加わることで，彼女らの就労条件はよりいっそう悪くなる．世界的にみても日本の母子世帯は貧困である．2008 年の経済協力開発機構（OECD）の調査によると，わが国における，非就労のひとり親家庭の子どもの貧困率は 60％，同条件にあるふたり親世帯の子どものそれ（50％）よりも 10 ポイントも高くなっている．また，就労しているひとり親家庭の子どもの貧困率は 58％と非就労のひとり親家庭とほぼ同等であり，加えて，ふたり親片働き家庭のそれ（11％）よりも格段に高い数字を示している．母子世帯の平均年収は 213 万円であり，これは，一般世帯の約 3 分の 1 程度でしかない．他方，父子世帯では大多数が結婚時にフルタイムの職に就いており，家事や育児は妻に任せていたという割合が高い．父子世帯が不慣れな育児や家事と，仕事を両立することは簡単なことではない．

　ひとり親に対しては保育にかかわる優遇措置があるが，それのみでは補えない部分もある．経済的に余裕のないひとり親がその支援を市場に委ねることは難しい．こうした事情があるために，ひとり親の就労条件は，公的育児の綻びを繕う私的レベルの育児支援の有無やその程度に大きく左右されるというのが現状である．

　また，幼い子をもつ母子世帯は，離婚などを機に結婚時の家を出る割合が高いが，転居先を選定する際，実家など親類のいる地域を優先する傾向がある．つまり，彼女らは，居場所の確保や育児支援を期待して，実家やその近隣に移動する．そのため，彼女らは，転居先の決定後，その周辺で職場を確保することになるが，そこに必ずしも条件のよい職があるとは限らない（Kuzunishi 2008）．

　他方，父子世帯では，その多くが結婚時の住宅に留まる．このため，結婚時から親類と同居あるいは近居しており，離婚後も引き続きケアワークを得られるという条件がある者や，親類などを結婚時の住まいに呼び寄せることで，ケアの担い手を確保できる者についてはおおよそ問題がない．しかし，ケアの担い手がないにもかかわらず，仕事の継続や，ローンの残る持ち家を所有しているために，そこに留まり続けるしかないケースや，そこに留まりたくても適切な育児サービスがないために，親類からの私的育児支援を求めて，生活圏を大きく変えて転居したものの，思うように転職できないケースなど，父子世帯にも問題やリス

クがある．このように，ひとり親の住まいや生活は育児ケアに大きく左右されるのである．

2.5 住む力を紡ぐために必要なこと

　不況による人員削減などにより，労働者の負担はいっそう増大している．厚生労働省の報告では，激務により過労死や過労自殺と認定されるケースも増えつつある．こういった状況のなかでは，ワークライフバランスを保つことはきわめて困難といわざるをえない．父親は日々の仕事に忙殺され家事や育児をすることが難しく，働く母親はいつも時間に追われて孤軍奮闘している．これでは，若者が，将来の仕事や家庭生活に希望をもてなくなるのも無理はないだろう．

　筆者は，講義で「10年後の住生活について」というタイトルでレポートを課している．そのなかで専業主婦になりたいという願望をもっている学生は少なくない．「年収1,000万円以上の男性を見つけて結婚し，専業主婦になっている」と夢見る女子学生は一定数存在するが，驚いたのは，「平均的な年収を得ている男性と結婚し，子どもができたら専業主婦となり，子どもの手が離れたらレジ打ちなどのパートをする」といった予測が増えてきていることである．彼女らの意見はこうだ．結婚はしてみたい．しかし，女性が働くことはただでさえ大変だ．仕事と家庭生活の両立はよりいっそうの困難が予測される．年収の高い男性と結婚することも難しいだろう．ならば，平均的な収入を得ている男性と結婚し，育児に専念しながら，節約生活を送るのが現実的である．夫の給料が平均的であることも十分に理解している．だから，子どもがある程度成長したら，家計を支えるためにパートに出るという．このような，多くを望まず，期待せず，穏やかな生活を過ごすことを志向する若者たちは「さとり世代」と呼ばれている．もちろん，競争せず，自身の価値観で穏やかな生活を志向することを悪いとはいわない．しかし，次世代を担う若者たちがこういった志向をもたざるをえない状況に陥っているのであれば，社会の側にも責任の所在があるように思えてならない．

　筆者がフィンランドで保育に係わる実態調査を行った際，現場の保育士に対して「子どもが発熱をした場合の病児保育などは整備されているのですか」と質問したことがある．その保育士は少し呆れた口調で「有給休暇をもらって世話をします．保育所から呼び出しがあれば親はすぐに迎えに来ます．最も愛する人が，最も辛い時にはそばにいることが普通です」といった．「日本では，子どもが突

然病気になったら，親たちは，頭を抱えて悩みます．欠勤が続くと職場での評価が悪くなるからです」と伝えると，おどろかれた．

フィンランドにおける女性の就業率はきわめて高く，既婚女性の8割以上が働いている．それでも，出生率は1.8と諸外国の中では高い．日本と決定的に異なるのは，生活を軸とした働き方とそれを前提とした保育制度をはじめとする社会的諸制度（社会的サービス）が整備されている点であろう．仕事が最優先され，そのことで生じる生活上の弊害を，市場サービスで補填するというやり方では，個人の住む力の減退はいっそう進むと予測される．

アウトソーシング化するケアと個々人が担うケアのバランスをうまく図ることができ，それぞれのワークライフバランスを重視する社会へと舵を切りなおすことが望まれる．

2.6　住む力回復の展望

家族関係の希薄化や地域コミュニティの崩壊など，人と人との直接的な関係が乏しくなるなかで，コミュニティを新たに築くような住まい方が見直されはじめている．家族という枠を超え，非血縁関係でともに住まう，コレクティブハウジングやシェアハウスなどがその例であろう．非血縁関係にあるものが集住するというスタイルは，女性問題，環境問題にかかわる居住運動を背景に，家事の共同化，生活の合理化等を目的として欧米諸国を中心に発展してきた．

1住戸を非血縁関係にある住人でシェアする「集住」スタイルは，首都圏を中心に流行している．三浦（2011）によると，2009年12月時点でシェアハウス居住者は東京を中心に約1万人存在すると報告されている．その中で，育児負担やストレスの軽減を目的としたひとり親向けシェアハウスも開設されている．

たとえば，ある企業では，非血縁関係にある高齢者とひとり親をマッチングさせた住まいを提供している．そこでは，親が帰宅するまで，子は，同居する高齢者とともに，会話したり，遊んだりして時間を過ごす．放課後，子は一人にならずにすみ，高齢者も，子といることで和み安心する．他方で，子の母親は，高齢者にとって負担となる買い物などを代行する．ほかにも，母子世帯どうしのシェア居住をプロデュースしている企業がある．入居希望者には面接を行い，集住のメリットやデメリットについて十分に説明し，入居者どうしのマッチングも行う．ここでは，居住者どうしの共助はゆるやかに，そして自然発生的に起こって

図 2.1 ハウス内の居間

いる．たとえば，料理好きの住人が夕食作りを担当したり，掃除や風呂の順番について話し合いが行われたり，イベントが開催されたりしている．育児についても，「子が早く帰っても誰かがリビングにいるので，家で一人にならずにすむ」，「共有の居間に子どもを置いて買い物に出かける」といったメリットがあるという．

シェア居住経験者である母子世帯に聞き取りをした際，「私（たち）が期待する育児とは，ずっと子どもと対面して世話をする育児ではなく，同じ空間の中に大人がいて子の行動を見守ってくれるというような感じ」といわれたことがあるが，そういった理想を体現できるのが，共有の居間なのかもしれない（図 2.1）．また，彼女は，シェア居住の最大のメリットは「孤独の解消」であり，親子でアパートに住んでいた時には，「家と職場の往復で仕事と家事に追われ，職場以外で他者と話す機会を奪われていた」と語った．シェアハウスでは，他者と話す機会ができ，母子のみの閉塞的な環境から解放され，孤独も感じなくなったという．

これらの事例のように，それぞれがもつ能力を発揮し，共助するという住まいは，失われてきた個人の住む力を回復する一つの可能性になるのではないだろうか．

［葛西リサ］

●参考文献

上野千鶴子（2009）「第 1 章　家族の臨界―ケアの分配公正をめぐって」牟田和恵編『家族を超える社会学―新たな生の基盤を求めて』新曜社
厚生労働省（2008）「働く女性の実情」
厚生労働省（2009）「認可外保育施設の現況のとりまとめ」
厚生労働省（2011）「脳・心臓疾患と精神障害の労災補償状況」
厚生労働省（2012）「平成 23 年度全国母子世帯等調査結果報告」
佐藤　厚（2007）「単身赴任を伴う転勤を従業員が受け入れていること」日本労働研究雑誌，49 (4)，71-73
全国学童保育連絡協議会（2012）「学童保育の実施状況調査結果」
総務省（2012）「労働力調査」
内閣府（2010）「少子化の状況及び少子化への対処施策の概況」
内閣府（2011）「第二次食育推進基本計画」
中田照子・森田明美・杉本貴代栄（2001）『日米のシングルファーザーたち―父子世帯が抱えるジェンダー問題』ミネルヴァ書房
三浦　展（2011）『これからの日本のために「シェア」の話をしよう』NHK 出版
森岡清美・望月　崇（1983）『新しい家族社会学』培風館
山本千鶴子（1987）「単身赴任者の統計的観察」人口問題研究，(181)，44-53
労働省（1971）「女子労働者の雇用管理に関する調査」
Fineman, Martha Albertson（2004）The Autonomy Myth: A Theory of Dependency, The New Press. マーサ・アルバートソン・ファインマン（穐田信子・速水葉子訳）（2009）『ケアの絆―自律神話を超えて』岩波書店
Kuzunishi, Lisa（2008）Problem Mismatch between the Process of Securing Permanent Housing and Housing policy for Single Mother Households in Japan. Proceedings of International Symposium on City Planning, 554-563.
OECD（2008）Growing Unequal? Income Distribution and Poverty in OECD Countries.

第3章
地方都市における「住む力」の減退と未来の展望

キーワード ▶地方都市 ▶社会経済構造 ▶都市構造 ▶除雪

3.1 地方都市の住む力とは

「地方都市の住む力」から，何をイメージするだろうか．住まいに関していえば，地方では持ち家率が高く，規模も大きい．狭小な敷地に建てこんでいる都市部と比較すれば，豊かな居住環境にみえるかもしれない．しかし，どんなに広い住まいに住んでいても，それだけでは豊かな居住環境とはいえない．なぜなら私たちの生活は，労働や生産，消費，文化，地域とのつながりがあって初めて成り立つからである．住まいはその器である．それでは，地域についてはどうであろう．地方には豊かなコミュニティがあり隣近所が助け合いながら暮らすことができる，と想像するだろうか．残念ながらそのような地域は，ごくわずかに限られているのが現実である．

いま地方では，住まいをとりまく社会的・物的環境が著しく悪化し，居住者がよりよく住みたいと願っても，居住者自身，そして地域，双方の住む力が減退し，それが叶わない状況におかれているのである．

かつて高度経済成長期といわれた時代，地方都市の経済も右肩上がりで成長し，雇用は安定し，人口が増加した．夫婦と子どもからなる核家族が「標準的な家庭」とみなされ，それを前提に地域コミュニティや社会保障，教育・雇用などの社会制度が成立していた．そうした時代は，住む力，すなわち，生活の基盤である住まいを確保し，空間・環境を自律的に維持，管理，そして創造し，その空間・環境を基盤として社会的関係を構築していく力は，個々人が地域社会やライフサイクルのなかで自然におのずと身についていた．なぜなら住む力を身につけることが「標準的な家庭」になるために必要な要素だったからである．かりに

「標準的な家庭」になりえなくても，地域には豊かなコミュニティがあり，地域の住む力が個々人の住む力を育んでいた．加えて行政も人びとの生活を支えていた．拡大発展が疑われなかった時代には，あえて意識することがなくとも誰もが一定程度の住む力を身につけ，生活の質を保ちながら生きていくことができた．

ところが社会経済の情勢は一変してしまった．経済は低迷し，人口減少・高齢化社会が到来した．また家族のかたちが多様化し，雇用も不安定になるなど，社会は大きく変容した．住まいとヒト・モノの関係，住まいの役割や機能は，個人や家族によってさまざまな価値観と実体に細分化され，かつての「標準的な家庭」は標準ではなくなった．やがて住む力は個人に帰属する問題とみなされるようになり，個々人の価値観や経済力に大きく左右されるようになった．こうした状況のなかで，とくに地方が抱える問題として強調したい点は，人口減少や高齢化に伴う社会経済構造の変化のなかで，よりよく住みたいと願う当事者の意思に反して，個々人のもつ住む力が減退せざるをえない環境におかれている，ということである．

なぜこのような状況に陥ってしまったのだろうか．本章では，地方都市において，社会経済構造，都市構造，双方の変容をふまえつつ，住む力が減退せざるをえない状況について論じる．具体的な事例として「除雪」の問題を引きながら課題を整理し，最後に地方都市における住む力の再構築の可能性について考察する．

3.2 社会経済構造と都市構造の変容と住む力

地方都市における住む力の減退の背景には，人口構造や雇用，産業，生活様式などの社会経済構造の変容と，そうした社会経済構造の変容にともなう都市構造の変容という，二つの構造的な問題が密接に関連している．まずは，地方における住む力の変容に大きな影響を及ぼしている社会経済構造の変化についてみていこう．

それは，第一に，従事する産業の変化や所得の増加である．かつて，地方では，第一次産業従事者が多く，土地に根づいて地域社会のなかで助け合わなければ生きていくことができなかった．「都市」とはいえ，地方都市の地域コミュニティは農村社会の性質とあまり変わらないものだった．地域の行事はもちろん，冠婚葬祭も隣近所と協力して行うのが普通であった．それは他方で煩わしさとい

う一面ももちあわせていたが，生活そのものが地域社会のなかにあることで，個々の住む力を意識する必要がなかったのである．

　しかし，高度経済成長期以降，こうした社会経済構造は大きく転換する．道路や鉄道，上下水道などのインフラが整備され，車社会化が進展した．所得が増加しライフスタイルも変化した．地方でも第一次産業から第二次産業・第三次産業へと従事者が移行した．日本型の終身雇用制度は従業員の生活を手厚く支え，人びとは地域社会よりも「職場」への帰属意識を高めるようになった．また核家族化が進み，家電製品が普及すると家庭でも生活の利便性が大幅に増した．地方都市においても，わざわざ地域で助け合い支え合わなくても個々自由に生活ができるようになった．それは同時に地域社会の煩わしさからの解放も意味する．「一億総中流」といわれたように，良くも悪しくも都市の規模にかかわらず，同じようなライフスタイルを送ることができるようになったのである．そして社会が豊かになると公共サービスも充実し，教育や社会保障などの制度が整えられた．煩わしさをともなって地域社会のなかで生きていくよりも，「職場」をよりどころに，自由に暮らしている方が「便利」で「都合がよい」社会になった．このような変化は，隣組や自治会，消防団などの地縁組織を弱体化させ，それまで地域社会が内包していた住む力は，少しずつその機能を失うことになった．いいかえれば，生活を支え，人間関係や社会とのつながりを構築するのは，地域社会ではなく，個人に委ねられ，それを補完する役割を担うのは，「職場」や公共サービスなどに変容していったのである．

　第二に，人口構造の変化である．2000年代に入ると，地方では人口減少は現実的な社会問題となり，高齢化も急激に進展した．総務省の統計によれば，2005〜2010年に全国1,728市町村のうち4分の3の市町村で人口が減少し，しかもこの間5％以上の割合で減少している市町村が，全体の4割強にのぼっている．わが国の高齢化率は22.1％（2008年）で，2035年には33.7％，2055年には40.5％に達するなど高齢化は加速度的に進み，国民の5人に2人が65歳以上の高齢者となると推計されている．とくに東北地方や山陰地方では人口減少と高齢化が進んでおり，2009年時点での高齢化率は軒並み25％を超えている．最新の人口推計によれば，2040年には，約7割の市町村で，2010年に比べ2割以上人口が減少し，65歳以上の高齢者が40％以上を占める自治体が約5割に達する．高齢者世帯は増加し続け，今後もますますこの傾向の強まることが予想されている．

かつては「標準的な家庭」があり，家族という単位で個人や地域社会との関係を築きつつ，住む力を育んできた．しかし，高度経済成長期に，経済活動を支え，住む力を発揮していた層は高齢化し，現役時代によりどころとしてきた「職場」をリタイアしてしまった．住む力を補完する役割を担っていた公共サービスも，財源やマンパワーの慢性的な不足を理由に縮小し，セーフティネットとなるはずの社会保障も先行きがみえない状況におかれている．いま個々人の住む力は急速に減退し，しかも減退した住む力を補完する手立てもないままに，生活を送らざるをえない状況におかれている．

既述のように，こうした社会経済構造の変化が都市構造の変容をもたらし，さらには住む力の減退に拍車をかけている．それは市街地の拡大である．「標準的な家庭」に支えられた社会では，都市空間を車での移動を前提とする構造へと変化させた．自動車の普及が，住まいや消費する場，働く場，病院や公的施設などを，車で移動しやすく，土地が確保しやすい郊外へと野放図に広げた．その結果，商業施設や医療施設，公共施設などが郊外へと移転し，大型化した．しかし，いまや「標準的な家族」は標準ではなくなり，かわって多数を占める高齢者は「移動すること」そのものが困難である．自動車の運転はもとより，短い距離でも歩くことは容易ではない高齢者も多い．日常的に必要な施設が歩いていける範囲において著しく減少したため，日々の買い物さえままならない「買い物難民」とよばれる人が増えている．

車社会を前提にした都市構造では，自動車で「移動すること」を前提にしているため，自家用車をもたない，移動が困難になった人びとは，鉄道やバスなどの公共交通機関を利用するしかない．しかし，利用者は自家用車をもたない層に限定されるため，採算が取れなくなった路線は廃止されたり，運賃の値上げや本数の減少などで，その利便性は著しく低下している．公共交通を再生させようにも拡大した都市全体をカバーすることは難しい．

このように，地方都市では社会経済構造の変化によって地域コミュニティが弱体化し，さらに野放図に拡大した都市構造は，日常生活をおくることさえも困難な状況をもたらしているのである．

3.3　除雪活動にみる住む力の減退

地方都市の住む力は社会経済構造や都市構造の変化によって，減退せざるをえ

ない状況におかれている．住む力の減退は交通弱者や「買い物難民」の問題となって顕在化しているが，さらには住まうことや，生きることそれ自体を困難にする危うさをはらんでいる．本節ではそうしたより深刻な問題を表す事例として除雪の問題を事例に取り上げたい．除雪は雪国特有の問題であるが，除雪活動は雪国において生活するために欠かすことのできない活動であり，とくに豪雪地帯では一歩外出するためにも「雪かき」は不可欠である．また「雪かき」には空間・環境の自律的な維持や管理，隣近所や行政との協力などの社会関係の構築が不可欠であり，まさに住む力が問われる問題である．そこで本節では豪雪地帯である山形県米沢市を事例に，産業構造の変化にともなう社会経済構造・都市構造の変化がもたらしている除雪問題について住む力の減退をめぐる課題を整理したい．

山形県米沢市は，山形県の南端に位置する人口89,401人（2010年国勢調査）の都市である（図3.1）．人口は1960年をピークに減少を続けていたが，1975年から1995年まで増加し，それ以降は人口減少が著しい．他方，世帯数は一貫して増加を続け，1980年には約24,000世帯だったが，2005年には30,000世帯を超えている．なかでも単身世帯数が最も多く，増加傾向にある．市域の面積は548.74 km^{2}に対し，人口集中地区は12.95 km^{2}にすぎないが，この区域に市の総人口のおよそ半分にあたる46,942人が居住している．また米沢市の特徴として学生が多い点があげられる．米沢市には山形大学工学部と山形県立米沢女子短期

図3.1 山形県米沢市の位置

大学の二つの大学があり，約4,000人の教職員・学生が住んでいて，全人口の約5％を占める．

米沢市の住む力の変容は産業構造転換にともなう都市構造の変遷が大きな要因となっている．もともと米沢市の基幹産業は織物産業であった．米沢藩第17代藩主の上杉鷹山公に奨励され織物産業が栄え，米沢織として繁栄したためである．しかし，絹織物から人工繊維が出回るようになると徐々に織物産業が衰退し，1970年代に米沢市に中核工業団地ができると，産業構造が織物産業から電気機械製造業へと転換した．これにともない，米沢市の都市構造も大きく変化し住む力が変容した．

江戸時代から続いてきた織物産業の集積は，城下町の武士団が居住する地域にあった．山田（2004）によれば，織物関連施設は市街地に散在し，「分業化された作業工程ごとに結びついており，生産を離れた生活行動面においても密接に関連しあう産業地域社会」を形成していた．この地域社会の「相互扶助的な関係が生産を支えてきた」としている．つまり市街地には，就労し生活を営むことのできる空間が存在していた．昭和初期になると「帝人」が創業するなど正絹織物製造から人絹織物製造に転換し繁栄した．しかし第二次世界大戦以降は，織物産業をはじめとする軽工業は徐々に衰退するようになり，米沢織物も低迷するようになった．

織物産業は低迷したものの，変わらず関連施設は市街地に散在しており都市構造そのものに変化はなかったため，市街地にはまだ地域コミュニティが根づいていた．除雪は毎朝各家が行い，自宅周辺の道路まで道付けが行われた．雪道は地域の家庭が協力して「つける」のが一般的だった．

1970年代に入ると米沢市では，織物産業にかわる産業基盤の安定化をねらって工業団地の形成と企業の誘致が盛んになりはじめる．人工繊維が出回るようになるとますます織物産業は衰退し，郊外に工業団地がつくられた．第二次世界大戦中，米沢市は産業疎開が行われていた．この時疎開していた企業を中心に誘致を始めたのが工業団地形成のきっかけである．その後，郊外に次々と工業団地が整備され，四つの工業団地が形成された．とくに国が指定した中核工業団地である八幡原中核工業団地は電気機器製造業が多く集積し，400 ha近い敷地面積で最大規模である．四つの工業団地には2010年現在，56の事業所があり，5,253人の従業員を抱えている．このように米沢市では軽工業から重工業へと転換し，

電気機械製造業を基幹産業とする工業都市へと発展した.

　この大規模な産業転換は，まず，市街地に散在し集積していた織物産業の廃業を加速させた．この廃業した織元の関連施設は，集合住宅や社宅，駐車場へと土地利用が転換されていった（山田 2000）．とくに米沢市は学生が多いこともあり，織元の関連施設は学生向けのアパートへと姿を変えていった．近年はこれらのアパートには学生だけではなく，工業団地に勤務する独身者の入居も多くなっている．それまで職住近接であった市街地に，単身の居住者が増加することとなった．新しい居住者は，地域コミュニティとの接点がないままに，一定期間を経れば去ってゆく．市街地は生活の場としての機能が低下し，地域コミュニティは弱体化した．こうした問題は除雪問題に如実に現れている.

　米沢市は特別豪雪地帯に指定されており，最深積雪はほぼ毎年 1 m を超えている．このため市街地でも冬期間の除雪は欠かすことができない．基本的に公道の除雪は行政が，私有地は個人や地域が除雪をする．米沢市建設部の資料によれば，公道などについては，年間 50 億円以上（2006〜2010 年の平均）の膨大な予算を投じて米沢市が対応している．しかし，市が計画する除雪の道路の路線や総延長は，産業構造の転換による市街地の拡大にともない増加し続け，2004 年は 649 路線，除雪総延長は 589.82 km であるのに対し，5 年後の 2009 年には 713 路線，598.12 km まで増加している．市街地の拡大にともない除雪を必要とする箇所が増え続けているが，財源の逼迫により市がきめ細やかに対応することにも限

図 3.2　雪寄せができずに家に入るのが困難な住宅

界が見えはじめている．

このように行政が対応できない部分を，地域や個人がサポートすることは望ましいだろう．そもそも除雪作業は地域社会で協力して行うものだった．地域には地域とつながる若者がいた．早朝から各家庭で除雪作業を行うことが当たり前で，困っている人がいれば助け合っていた．しかし深澤（1981）が指摘するように，多くの雪国では「昭和30年代後半の出稼ぎ，40年代の通勤兼業化と過疎化及び老人社会化，50年代の工場進出などの地域開発に伴う雪おろし労力の不足の発生と言うプロセス」を経て除雪問題が顕在化した．米沢市でも産業構造の変化にともない市街地のコミュニティが弱体化し，高齢化が進んだ地域では身の回りの除雪活動すらままならないのが現状である．除雪作業は想像以上の体力と技量を必要とする．雪が積もれば必ず除雪が必要になる．なぜなら積雪量が増えれば住まい自体が押しつぶされてしまう危険性もあるが，まず除雪をしなければ家から外に出られなくなってしまうからである．毎日雪が降り積もれば欠かさず除雪が必要となり，年齢を重ねるほどにそれは身体的にも精神的にも負担となる．

また近年問題になっているのは，除雪が行われないため倒壊する空き家が増加していることである．人口減少にともない空き家が増加しており，今後もこのようなリスクが増加することが予測される．

かつて除雪は地域コミュニティで協力して行ってきたが，高齢化が進展するとともに地域コミュニティとの接点をもたない単身の若者が増加し，地域コミュニ

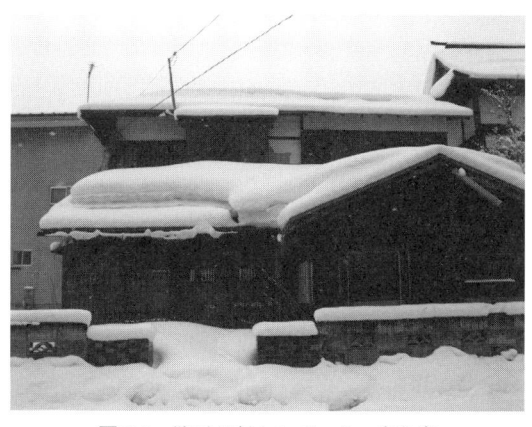

図3.3　除雪が行われていない空き家

ティそのものが弱体化しているため，地域でのサポートにも限界がみえはじめている．除雪ができなければ買い物や通院など，外出できなくなるどころか，住まいから一歩出ることさえも困難にしている．このような環境下では，空間・環境を自律的に維持，管理をすることはままならず，まして能動的に社会的関係を構築していくことはできない．住む人の「なんとかしたい」という思いに反して，住む力は減退せざるをえない状況におかれているのである．

3.4 住む力の再構築の可能性

地方都市の住む力は，個人が有する住まいに関するリテラシーや個々人の価値観や経済力に加えて，人口構造や雇用，産業，生活様式など社会経済構造や都市構造が大きく影響を及ぼしている．わが国の情勢を考慮すれば，これからも社会経済構造や都市構造は大きく変容していくだろう．とりわけ地方都市では人口減少と少子化が，自治体の根幹を揺さぶるほどの課題となることが予測されている．こうした情勢の変容をふまえつつ住む力の再構築をはかっていくことが求められよう．

本章で取り上げてきた「除雪」の問題を例に社会経済構造，都市構造の双方から未来を展望してみたい．

まず社会経済構造の観点からは，地縁組織に根差す新しい「地域コミュニティ」のあり方に注目したい．たとえば，大雪が降り，高齢世帯の雪かきが必要となれば隣近所で支え合う，かつて地域コミュニティに内在していたような住む力を再現することができれば，それが理想的だろう．しかし人口減少，少子化，高齢化が本格化するなか，隣近所すべてが高齢世帯となる可能性も高い．地縁に由来する地域コミュニティで支えることには限界がある．他方，こうした限界を補完する手段は，都市部からの除雪体験ツアーや大学生ボランティアなどによる支援など多様化している．しかしそれらは体験と一時的な支援にとどまっていて，必ずしも住む力の再生につながっていないのが現状である．では隣近所からスケールを少し広げた新しい地縁のなかで重層的で持続的なネットワークによって支え，住む力を再構築するようなしくみをつくっていくことがひとつの解にならないだろうか．

その一つの回答となる試みが山形県川西町で行われている．それは川西町の吉島地区の全世帯が加盟するNPO「きらりよしじまネットワーク」の活動である．

吉島地区では2000年代に入ると，居住者の減少や高齢化の急速な進展により地域のつながりが薄れはじめ，従来の自治会の体制で地域コミュニティを支えることが困難になりはじめた．もともと社会教育の盛んな地域だったこともあり，地区公民館と自治会，防犯協会を再編するかたちで地区運営に乗り出したのが「きらりよしじまネットワーク」であった．具体的な活動は，地区の防災活動や子どもの見守り事業，子育て支援や介護予防と生涯学習事業さらに産直市場やネットショップの運営であるが，地区外の活動と地域との接点をつくり地域にお金を落とす仕組みもつくっている．財源は吉島地区の約750世帯からの年会費2,000円で賄われており，事務局スタッフを4名抱えながら自立して運営している点が特徴的である．「きらりよしじまネットワーク」のように，既存の地縁を基盤としながらも，地区外の活動とも連携して住まいの維持管理や新たな社会的関係を構築しようとする試みは，地方都市において弱体化しつつある住む力を，再び育む可能性をもっているのではないだろうか．外とのつながりをもちつつも，地域の住む力を育む視点での取り組みを実践していくことが，未来の展望につながるのである．

　都市構造の観点からは都市機能が集積する集約型都市構造，コンパクトシティを目指すことが活路を見出すひとつの手法であろう．コンパクトシティの概念は，都市を野方図に拡散するのではなく，生活に必要な機能を中心部に集積していくことを目指すものである．

　「除雪」の問題でも，市街地の拡大は自治体の費用負担を増大させ，きめ細やかな対応が困難になるばかりではなく，財政状況が逼迫するなか最低限の道路の除雪さえままならなくなる可能性をはらんでいることを示した．これは，電気，ガス，水道，公共交通などさまざまなインフラに共通していえることである．都市域を集約することにより，インフラの維持や環境負荷の低減，そして人口密度を高めていくことで地域コミュニティの維持にもつなげるねらいがある．東北地方で，政府による集約型都市構造の提言に先駆けて2000年前後からコンパクトシティについて盛んに議論されはじめたのは，逼迫する財政や地域コミュニティの衰退に直面しつつ，除雪問題という切実な課題を抱えていたからである．コンパクトシティの実現には，郊外への対応や，経済活動との調整など，さまざまな課題も指摘されている．しかし住む力を再構築することができる環境を考えたとき，コンパクトシティを目指していくことが活路を見出すことにつながるのでは

ないだろうか.

　地方都市における住む力は，よりよく住みたいと願う当事者の意思とはうらはらに減退せざるをえない社会的環境におかれている．住む力を再生していくためには，個々人の意欲や能力に委ねるだけでは展望は拓けない．地方都市をとりまく激しいうねりのなかで，行政，地域，企業，大学などさまざまな主体が手を携え，社会を支えるしくみを，そして都市構造そのものを転換していくことが不可欠といえよう.

［高澤由美］

●参考文献

深澤大輔（1986）「地域社会再建と克雪型住宅建設のフローについて」日本建築学会東海支部研究報告集, (24), 409-412

山田浩久（2000）「織物のまち　米沢」山嵜謹哉・金井　年編『歴史地域の変容』大明堂, 171-187

山田浩久（2004）「基幹産業の変遷に伴う都市空間の変容—山形県米沢市の事例」山形大学人文学部研究年報, Vol.1, 139-157

第Ⅱ部
「住む力」の諸相と課題解決の糸口

　第Ⅱ部では，現代の住宅問題の各局面を取り上げ，住む力という観点からその諸問題の現状と解決方策を検討する．

　第4章と第5章は，とくに移動性の高まりに着目し，社会経済的な状況変化に対する住む力の発揮の可能性について論じている．第4章は，住み替えという住要求が顕在化している状況をとらえ，そのことが私たち住まい手にとってどのような意味をもたらすのかを論じる．第5章は，テレワークという新しいワークライフスタイルに着目し，このスタイルの浸透が住まい方と住む空間の変化だけでなく，人びとの社会や環境とのつながりをつくりだしていく可能性を示す．

　第6章と第7章は，地域コミュニティの住む力の回復と，その力のいかし方に焦点をあてる．第6章では，コーポラティブ住宅づくりとコーポラティブタウンの取り組みを通じて，多様な人びととのゆるやかな日常のつながりを紡ぎだすことが，諸課題の克服への途となることを示す．第7章では，コミュニティの住む力を発揮する運動としてのコミュニティアーキテクチュアを取り上げ，米国での事例を通じて，居住環境改善における影響力の大きさと，運動をサポートするコミュニティアーキテクトの役割の重要性を説く．

　第8章と第9章では，それぞれ郊外住宅地と木造密集市街地がかかえる課題について，住む力の切り口からその現状を描き，問題解決の展望を示している．第8章は，少子高齢化で人口流出が進む郊外住宅地の，縮退・持続にかかわる議論を批判的に検討し，郊外住宅地の住む力の限界と可能性について論じる．第9章では，木造賃貸住宅の建替え事業に焦点をあて，事業が進まない現状とその打開策を示す．

第4章
「定住」から「住み替え」へ

キーワード ▶移動 ▶住まい選択の自由 ▶住まいのニーズ ▶住み替え
▶中古住宅流通 ▶開かれた住まい

4.1 「住み替え」というニーズ

　もし，人びとが住まいの現状に満足しているならば，住み替えニーズは存在しないことになる．実際，各種アンケート調査を見ても，現在の住まいへの満足度は比較的高く，現在の住まいに住み続けたいという，定住の意向も相当に多数を占めている．しかし，このことが即，住み替えニーズが存在しないことを意味するものではない．というのは，一般的にニーズは支払能力をともなって初めて，市場における現実の需要として顕在化するものだからである．支払能力がない場合は潜在的ニーズということになるが，さらにこれも当事者が明確に意識できるとはかぎらない．そもそも現実的可能性がない場合には，ニーズとして認識されないことがしばしばだからである．

　ところが，一方では人びとの住まいに対するニーズは必ず変化する．なぜならば，個々人がどのような人生をおくりたいかという人生観が，住まいのあり方に変化を余儀なくさせるであろうし，またライフステージの各段階において世帯人員の変化や必要とする空間的機能・設備が異なることは不可避だからである．これらの諸事情は，一般に住まいと住まい手のニーズのミスマッチを生みだし，時代が社会的な流動性を増すほど，この種のミスマッチが強まる可能性を示唆している．英国では，平均して6年に1度の住み替えが行われているとのことであるが，近年日本においても，従来にはない新しい住み替えの傾向が散見される．

　こうした状況は，今後日本でも，住まい選択の自由が社会的ニーズとして成長し，顕在化する端緒として把握できるのではないかという仮説につながる．それは，これまでいわれてきた定住論ではなく，それをも包摂した，住み替え論とい

う視点の必要性である．ところが，少なくとも日本の居住に関する議論のなかでは，しばしば，定住が重視されこそすれ，住み替えは現実においてもニーズにおいても脇役であった．しかし，すでにこの国においても，現実は従来の定住論的発想を超えて進んでいるように見える．

本章では，このような観点から，住み替えというコンセプトに着目しつつ，社会経済的な変化との関連で住まいをめぐる社会的ニーズの変化を捉え，その基本的な意義と今後の方向性を探っていくことにしたい．なお，本章では，住まいという用語を住宅とそれを取り巻く環境，つまり立地をも含む意味で用いることにする．

さて，本論に入る前に，住み替えというコンセプトと，本書のキーコンセプトである住む力との関係を示しておこう．端的にいえば，それは流動化する社会のなかで，住まいに縛られること＝住む力の発揮を阻害しているという関係である．定住が保障されることと同時に，住み替えもまた保障されることが，真に個々人の住む力が発揮できるということなのである．

4.2 住まいをめぐる状況の変化

なぜ今，住み替えなのかという課題を検討するにあたり，まずは，第二次世界大戦後の日本の住まいをめぐる状況の変化を概観しながら，その特徴を押さえておきたい．

安全で快適な住まいの確保は，どの時代においても多大なエネルギーを要する基本課題の一つであり続けてきた．日本では，敗戦にともなう深刻な住宅不足のもとで，住宅問題はまずシェルターとしての住まいの確保の問題として現れたが，こうした戦後復興期の状況を大きく変化させたのが，1950年代後半から始まった，いわゆる高度経済成長である．

高度経済成長が，住まいのあり方にかかわってもたらした基本的な変化の第一は，住まい手の変化，すなわちその中心部分としての核家族の形成であった．第二は，勤労者の所得の向上である．その結果，核家族としての住まいのニーズが所得の向上と結びつくなかで，住まいの確保をめぐる社会状況は次のような特徴を示した．

かつて住宅は，家族に閉じた空間ではない時代があった．他者を招き入れたり，家族や地域にかかわる行為が住宅のなかでとり行われたりと，住むという行

為は地域に開かれた行為であった．ところが，核家族化および地価・住宅価格の高騰が進むなかで，住まいは一般に，住宅という閉じた空間において，血縁関係からなる（核）家族の基地へと変化していった．それは，専業主婦層にとってのアイデンティティ実現の場であり，まずは，都市部および都市縁辺の狭小住宅が閉鎖的なプライバシーの居住空間としてつくられた．そうしてつくられた多くの住宅は，相互に孤立した家族の隠れ家となり，まちはそれらの集合体となった．しだいに比重を増す中高層住宅（マンション）でも，しばしばそのプライバシーは，隣人の顔をも知ることのないほどに，ある種典型的な姿で現れた．

さらに，住宅価格が高騰した時代における持ち家取得は，一般勤労世帯にはなかなか到達しにくい目標であったものの，右肩上がりの経済と土地神話に支えられ，人びとはいずれは到達できるものと信じ，持ち家の確保に邁進した．この場合，持ち家に対するニーズは，すでに単なるシェルターとしてのそれを後景に押しやり，資産やステイタスとして，人生のゴールとでもいうべき崇高な意味合いをもつものとなった．

ところが，右型上がりの成長が終焉し，数十年の時を経て，今日の住まいの問題は多大な変化を遂げた．住まいの閉鎖性を支えた核家族は，世帯の主役の座をしだいに高齢者世帯や単身世帯に譲り，郊外における持ち家取得を人生のゴールと考える「住宅双六」（注1）は，もはやかつてのような華々しさを失った．

社会の隅々への市場原理の貫徹の結果として，企業社会と核家族の解体が進展するにともない，このような意味での住まいもまた解体することは避けられない．あらゆる世代・階層を通じて進む伝統的な共同性の解体と「個」への分解——これが現代の住まいの意味を考える社会的前提である．「個」への分解は，新しい諸関係への免疫が社会的に十分に形成されていない段階では，必然的に「孤」を顕在化させる．生活は一方で多様な選択肢や，豊かさ・便利さを手に入れたが，他方で「孤独死」や「孤食」といった生活の貧困化現象が，従来の居住規範の喪失の上に展開する住む力の弱体化を象徴している．つまり，こうした社会経済的変化を背景に，住まいの問題は，シェルターとしてのハコの確保やその質の向上といった物的環境の問題をはるかに超えて，生活するという行為をめぐる社会的関係性の問題として捉えられなければならない段階に到達している．

ただ，こうした家族の解体は，多くの矛盾を含むものではあるが，それは家族で完結しない部分において他者とつながりをもつための必要条件でもあり，した

がってまた，閉鎖的な住まいがふたたび多様な社会的関係をもつ開かれた住まいに転化していくための可能性をはらむ状況でもある．

これは二つの面から考えていくことができるだろう．ひとつは，家族（世帯）がもっていた共同体機能の脆弱化を，社会との新たなつながりによって補完しようとする側面，いまひとつは，生活ニーズが，そもそも従来の枠組みとしての家族＝住宅を超えた次元で発展してくる側面である．

まず前者についていえば，かつて生活の主たる担い手が企業と家族であった時代には，ここからはみ出る部分を自治体など公的機関が担うという関係が存在した．しかし，企業・家族の共同体としての脆弱化，また家族および市民（個）としてのニーズの多様化に対して，財政的に弱体化する公的機関による補完機能の限界がしだいに明らかとなった．地域を基盤とした非営利団体や各種ボランティア団体への期待は，いやが上にも高まるとともに，防犯・防災意識等の高まりとも相まって，自治会や町内会は，自治体の下請け機関を脱した相互扶助機能の発揮を，従来になく求められるようになってきた．そこでは，プライバシーの尊重は相変わらず重要であるが，孤立する高齢者世帯への見守りや子育て支援など，個々人（世帯）と地域とのつながりが再構築される状況が浮上しつつある．

後者の点では，住宅が孤立閉鎖的な空間としてだけではなく，地域空間の一部であるという意識が発展してきた．たとえば，「街」の景観が意識されるようになり，住民や自治体等が景観に対する取り組みを行う地域が増えてきた．このことは，人びとの住まいに対するニーズが単にハコとしての住宅にだけ向けられるのではなく，個々の住宅の集合としての調和や美しさ，そしてそれを維持していくための地域コミュニティのありようをも含めた，地域空間という面へも向けられるようになったことを意味する．2004年の景観法の制定はその一つの結果でもあり，さらなる広がりの契機ともなっている．この場合，住まいは単に住宅単体として孤立した存在ではなく，地域居住空間の一部という性格を併せもつことになる．

こうした事実は，現代の住まいが開かれた住まいとしての一面をもち始めており，そうした傾向がしだいに強まっていることを物語っている．しかしこれは，同じく開かれた住まいといえるとしても，かつての伝統的共同体と一体化したなかでの開かれた住まいとは，次元を異にする変化である．なぜなら，今日では「個」への分解が前提であり，多様な分野や空間範囲で重層的に存在する共同性

としての性格を強めているからである．こうした事態の生成が，現代における住まいの再生を展望する際に，その重要なファクターとなる．

4.3 定住から住み替えへ

　以上の認識を前提にすると，住むことの課題・目標を，定住に求めることの意義を再検討することが必要になろう．確かに，個々の地域からみると，当該地域の社会経済的な安定を実現する上で，住民や来訪者が，定住できるような環境を作り出すことは重要な課題である．しかし，住まい手の視点から見た場合には，その意味は必ずしも同じではない．

　かつてイエは継承されるべきものであり，その役割を担う家族は，そもそも生まれた住宅に，生涯住み続けることが大前提であった．その後，郊外持ち家一戸建てが住まいのゴールとされた「住宅双六」の時代になると，ゴールはすなわち「終の住処」となり，そこからさらに移動することは想定されない．こうした点を見る限り，伝統的な住意識に胚胎していた強度の地域固定意識は，会社と家族が共同体になりかわった時代にも，双六内部での移動は含みつつも，形を変えて継承された．しかしその構造はゆるみつつある．少子高齢社会の到来は，これまでのような明確なゴールをリセットし，「終の住処」というゴールをもまた多様化し，流動化させつつある．

　こうした住まいの多様化・流動化の進展を生活の不安定化として認識し，これへの対抗策としてなお「定住」を対置する議論も主張されえよう．確かに，雇用の不安定化や失業，家族の解体や病気・災害等の理由から，いわば強いられた住み替えや住まいそのものの喪失という事態もまた少なからず存在している．

　これとは異なり，住まいの多様化や流動化が「個」の意思に基づくとすれば，かつてはほとんど見られなかった，それ自体進歩的な現象である．しかし，資本主義という社会システムは，とくに社会的弱者にとってきわめて競争的かつ敵対的な形態で，時代を前に推し進める．課題は，この困難に満ちた敵対的な多様化・流動化を克服して，「個」の意思に基づく主体的なそれに転化することであり，別言すれば，住み替えの自由を構築していくという点にある．念のためにいえば，このことは定住を否定するものではない．個人の意思の尊重が本質である以上，住み替えの自由は，住み替えない自由を排除しない．

　こうした住み替えの自由に対するニーズが広がりつつある，今日的現象をあげ

るとすれば，次のような諸点である．

　第一に，既述のように住まい手である世帯そのものの性格が大きな変化を遂げるなかで，居住のミスマッチがますます顕在化しつつある．具体的には，規模の大きな持ち家に居住する小規模（単身・夫婦のみ等）世帯が，その維持管理に体力的・経済的な負担を感じている状況や，子どもの多い多人数世帯が狭小な住宅に住んでいる状況など，世帯規模と住宅規模のミスマッチ問題がある．こうしたことからも，客観的には，住み替えニーズは不断に在存することは明らかである．このほかにも，住みたいところ，たとえば自然豊かな農村や下町情緒あふれるまちなかなどには，さまざまな制約によって，空き家があっても借りたり購入したりできない状況もある．

　第二に，少子高齢化にともない，近い将来本格化する人口および世帯減少が大量の住宅余剰，つまり空き家を発生させることも，間接的には住み替えの可能性を高める方向に働くであろう．住宅・土地統計調査によれば，2008年時点での空き家は757万戸，空き家率は13.1%，空き家率は年々上昇している．非常に単純化して考えると，かりに空き家の大半が市場で流通するならば，住まい手にとっては住まいの選択肢が増えるだけでなく，新設住宅を取得するよりも価格を低く抑えられる．事実中古住宅の流通促進は，リフォーム促進と併せて国の新成長戦略のひとつの柱にもなっており，市場規模を2020年までに倍増させることを目標として掲げている（注2）．そこには，「国民の住宅に関する選択肢を増やし，無理のない負担でニーズに応じた住まいの確保を可能に」することが謳われている．こうした空き家など中古住宅の利活用は，人びとの住まいの選択肢の拡大，つまり住み替えの自由を担保するうえで必要不可欠な条件であり，また省資源・地球環境問題への配慮という観点からも今後ますます重要性が高まる点である．

　第三に，第二の点とかかわって，中古住宅に対する価値観の変化である．新築を重視するという価値観はいまだ多くが支持するところであるが，他方で若年層を中心に中古住宅を自分の嗜好に合わせてリノベーションすることに，住むことの価値を求める動向がみられる．古民家や町家は，その古さゆえに魅力的なストックとして価値が再発見され，その人気が高まっているし，また立地する既成市街地の特性や住宅そのものの特徴をいかして，周辺地域との関係性を創り上げながら，より自分らしい住まい方を実現する場として再構築するような新しい住まい方の模索も始まっている．いずれも比較的若い層が関心をもち，また牽引する

動きであるがゆえに，今後の展開が期待できよう．

　第四に，さまざまに形作られつつある新しい社会的・共同的諸関係は，それ自体伝統的共同体のような閉鎖性・排外性をもつものではなく，多くの場合出入り自由度の高い開かれた共同関係である．その限りで，個人はいわばどこに行くことも可能であり，またどこに行っても新たな社会的・共同的諸関係に入ることができる．いいかえれば，「よそ者」は，短期間に「身内」に転化することができる．新しい関係性が構築されるなかで，住み替えに対する障害は徐々にではあるが除去されつつある．その象徴とも捉えられる現象が，移住や，田舎暮らしに対するニーズの顕在化であり，また地方自治体による移住・交流促進策の展開である．こうした需給両サイドの動向は，移住や田舎暮らしに関する初期の促進策として，マルチハビテーションの文言が記載された第四次全国総合開発計画発表当時（1987年）と比較して明らかに顕著になっている．もちろんこの背景には，過疎の進行によって自治管理機能を維持できない地域が多く出現しているという事情もあるが，移動の進展・浸透および情報技術の発展を基盤に，開かれたコミュニティへの転成が進みつつあることを示している．

　第五に，既述の景観問題がその一例であるが，現代の住まいは住宅単体にとどまらず，当該住宅を含む多様な地域空間の一部として存在するという側面を強めている．いいかえれば，人びとは個々の住宅に住むとともに，これを含む地域空間に住んでいる．とすれば，習慣と愛着に基づく，定住がなお人びとを引きつけるとしても，ある範囲での地域内での住み替えもまた，定住意識と必ずしも矛盾するものではなくなる．この場合には，住まいが地域に開かれていることによって，定住と住み替えが両立するという関係が生じている．

　第六に，住む要求が住宅単体から，街や地域にシフトするにともない，住み替え欲求は，住宅単体に対する欲求に，街や地域空間への欲求という性格が加重され，それだけ住み替え欲求が高度化する．「住めば都」といった居住欲求が，より魅力的な街や地域に住みたいという欲求に発展することは不可避であり，このこともまた居住の流動化を促進する要因として作用するであろう．

4.4　住み替えの現実

　とはいうものの，住まいの現実をみるとき，こうした諸傾向はいまだ萌芽段階にあるといわざるをえない．住み替えのニーズはいまだ潜在的であるし，一部顕

在化した住み替え需要も大きな負担なく実現できているケースはそれほど多くないであろう．住み替えたいと思うところに住みたい住宅がないとか，今住んでいる住宅が売却できない，住み替えにかかる費用負担が大きいなど，その道のりには多くの障害が横たわっている．

　住み替えの発展を住宅市場の観点から捉えるならば，中古住宅市場の発展が不可欠である．中古住宅の全住宅流通に占める割合は，2008年時点で13.5％である．20年前と比較すればその割合はわずかに増加しているが，7～9割ほどを占める英国や米国のそれと比較するといまだ低い割合にある．

　日本の中古住宅流通促進については1970年代半ばごろから住宅金融公庫の融資が中古住宅購入にも対応するようになったり，取得税の軽減が図られたりと，国の政策でも1970年代後半から中古住宅流通の育成が政策課題として浮上しているが，中古住宅流通の促進が中心的課題のひとつとして本格的に取り組まれるようになったのは1990年代末から2000年代初めのことである．2000年に「第八期住宅建設五箇年計画」が閣議決定されるが，そこで「ストック重視」が打ち出された．2001年には「住宅市場整備行動計画」が策定され，中古住宅向けの融資拡大や性能評価と表示制度の導入などが盛り込まれた．2002年には「住宅の品質確保の促進に関する法律」（1999年制定）が改正され，中古住宅についても対応できるようになった．こうした諸制度の充実は，確かに中古住宅流通をスムーズに進めるためには必要なことであるが，現実はこうした諸政策の成果が反映されたとはいいがたい状況である．

　ちなみに，中古住宅という言葉を，朝日新聞および日本経済新聞のデータベースで記事検索したところ，言葉を含む記事が最初に登場したのは1970年代であった（注3）．その後徐々に件数を増やし，日本経済新聞では，1) 1980年代初めと（ピーク時1983年，57件），2) 1990年代初め（1993年，57件），3) 1990年代末から2000年代初め（2001年，59件）の三つのピークを経て，2007年以降第4の最大ピーク（2009年，123件）を迎えている．住み替えという言葉については，中古住宅と同様に初登場は1970年代であり，1990年初めにかけてゆるやかに件数が増加し，その後増減はあるが2000年代半ばに再び数を増やしている（注4）．

　この二つの言葉の紙面上での頻出度合と記事内容を概括すると，1990年代初めまでの住み替えは，これまで述べてきたように郊外一戸建て持ち家をゴールと

する「住宅双六」にそったものであり，かつ基本的に新規住宅建設とセットで捉えられている．右肩上がりの経済成長が信じられていた時代には，住んでいる住宅を中古住宅として売却し，新築の住宅に住み替える資金の一部とすることは一般的であり，かつ主としてサラリーマンの夢でもあったのだが，バブル経済が崩壊した後には双六ゲームは成立しなくなり，住み替えも中古住宅という言葉も紙面に登場する回数が急激に減る．自由な意志による住み替えを展望するとき，こうした日本のバブル経済崩壊以前のような住み替え形態では，生産力および省資源，アフォーダビリティ（適正な負担で適正な住宅に住むことができる）の観点から考えて，その実現は非常に困難である．

　その後住み替えは，新築とセットとされることなく，ライフスタイルに合った住まいの選択およびそのニーズを意味する言葉としても登場するようになり，1990年代末から2000年代初めには，高齢者の住み替えやより狭い住宅への住み替え，2000年代半ばには子育て世代の郊外一戸建て住宅への住み替え，2010年には田舎暮らしや移住へと，住み替えの意味する中身が多様になっていく．

　興味深いのは，住み替えや中古住宅の利活用が，住むことを楽しみたいという生き方や価値観をベースに展開されているという点である．近年メディアでもよく取り上げられている中谷ノボル氏や馬場正尊氏，アサダワタル氏らが牽引する，楽しく住むことを伝える諸活動およびその実践は，今後の中古住宅市場の活性化に対し多くの示唆を含むものである（中谷2007，アサダ2012）．国が主導する金融・税制や性能評価などの住み替えや中古住宅流通を支援する諸制度も必要であるが，住まいに対する人びとのニーズは，シェルターとしての機能だけでなく，ライフスタイルや人間的感性を大切にはぐくむ場として存在することにも向けられていることを十分考慮する必要があるだろう．

　中古住宅市場の発展に，住むことの楽しさを加えて考えるならば，住宅単体としてのあり方だけでなく，住宅が立地する地域の実情にも目を向けることが肝要である．地域の実情に目をやれば，空き家の増加が問題となっている．すでに農山村はもとより都市部においても管理されない空き家が増加し，地域の安全やイメージを損ねる事態を招いている．とくに地方都市の中心部や，大都市圏においても郊外住宅地などでは，人口減少や高齢化の著しい進行によって，自治機能が維持できないところも出てきている．こうした問題は徐々に顕在化しつつあり，空き家の増加が目立つ地域では地域活性化や団地再生に取り組むところが見られ

るようになり，既述のようなリノベーションを行ったり，大学や学生と連携して地域の活性化に取り組んだりしているが，他方で空き家の除去や減築など，古いものをスクラップして空き家を減らす取り組みも出てきた．

人口・世帯が減少局面に突入し，住宅需要は明らかに減少することが予想されているなかで，こうした取り組みは地域の再活性化となり，当該地域に住むことの魅力を創り出すことにもなるであろう．しかし，皮肉なことに，こうした諸活動を横目に，近隣地域では新規開発が行われ，衰退した地域の再生や再活性化に向けた努力は報われないという事態も起きている．地域全体の需給調整機能がないなかで，個々の建設活動が行われ続け，その取引や建設活動を地域的に調整しようとする取り組みは現状ではほとんどなされていない．極論ではあるが，新規建設が制約されれば，中古住宅の価値は高まる．

事実英国では，新規建設は都市計画制度上大きな制約を受けており，この点が中古住宅の価値を高めている側面がある．人口減少の時代に，住宅ストックはスクラップしなければ余ってくる．将来的には，新規開発を抑制できる仕組みを検討することも必要であろう．

最後に，住み替え・中古住宅流通促進という点において，最も大きな可能性が期待され，また一定の実績をあげているのが，高齢者の住み替えである．高齢者世帯の住宅は，統計上は一戸建て持ち家の割合が圧倒的に高く，世帯人数と比較して部屋数が多い．一戸建て住宅は，その敷地や建物の規模にもよるが，保守や管理という点で，高齢者世帯には負担が大きく，必ずしも住みやすい住宅とはいえない場合が多い．しかし持ち家は賃貸住宅よりも安定性が高いと認識されていることや，長年住み続けた住宅やご近所づきあいから離れることは精神的負担も大きいため，高齢者ほど定住志向が強い．そのため，高齢期になって身体が思うように動かせなくなってはじめて，住み替えの必要性に迫られる．こうした事情も影響して，住み替えは住宅需要として顕在化しにくい側面をもつ．現在では高齢者の居住安定確保のための法制度整備や，移住・住み替え支援機構が高齢層の住宅を借り上げて転貸する仕組みを整備しつつあるが，高齢層の住み替え需要としての成長を期待するには，住み替えに対する精神的・体力的・経済的負担のさらなる軽減と，また同時に，住み替え後に住むことの楽しさや安心が感じられるようなハード・ソフトの環境づくりが必要であろう．

4.5 住まい選択の自由への展望

　時々のライフスタイルや好みに合った住まいを確保することは，人の一生をより豊かにし，彼（彼女）の人間としての成長にも大きく資することになろう．そのような住まい選択の自由の一般的な実現は，まだ未来社会の出来事かもしれない．しかし，そうしたベクトルは，敵対的な形態をともないながら，なお萌芽的であるとしても着実に成長しつつある．定住や底辺部分の居住水準の引き上げを実現した後に初めてこうした課題が浮上するのではない．そうした諸課題を含め，現代の住まい問題の全体が，住まい選択の自由というスローガンに包摂されえる時代を迎えつつある．

[堀田祐三子]

　注1　都市部に流入した若年労働者が単身者向けの下宿や木造賃貸アパートなどに住みはじめ，その後結婚してファミリー向けの公営住宅や社宅などの格安賃貸住宅というステップを経て，庭付き郊外一戸建て持ち家というゴールに至る住まいの発展モデルを，双六（すごろく）というボードゲームに見立てた．1970年代初めに建築家の上田篤は「現代住宅双六」を考案した．上田は2007年にも「現代住宅双六」の新版を作成している．

　注2　「中古住宅」と「既存住宅」の二つの言葉があるが，混乱を避けるため，本章では中古住宅という言葉を用いる．

　注3　日本経済新聞の記事は1975年4月以降のものが一部見出しと抄録を収録，1985年以降全文収録されており，朝刊（全国・地方）記事を検索対象とした．朝日新聞の記事は，朝日新聞縮刷版1879～1989年，および1985年以降の朝刊（全国・地方）記事を検索対象とした．日経テレコンおよび朝日新聞データベース聞蔵を利用して2012年9月8日に実施した．1975年以降2009年9月8日までの期間に，日本経済新聞で618件，朝日新聞で1,746件の記事がヒットした．

　注4　記事件数が2桁になった1981年以降の平均件数は19件であり，最も件数が多かったのは1991年と2006年の38件である．

●参考文献

アサダワタル（2012）『住み開き　家から始めるコミュニティ』筑摩書房
国土交通省（2010）『居住地域に関する意識調査』
柴田　建（2012）「中古住宅のリノベーション/シェア/コンバージョンとコミュニティの再定義」，住宅（住宅協会），61(7)，4-18
住田昌二（2007）『21世紀のハウジング─居住政策の構図』ドメス出版
中谷ノボル（2007）『みんなのリノベーション─中古住宅の見方，買い方，暮らし方』学芸出版社
西川祐子（2004）『住まいと家族をめぐる物語─男の家，女の家，性別のない部屋』集英社新書
三浦　展（2012）『これからの日本のために「シェア」の話をしよう』NHK出版

第5章
エラブ・ツクル・ツナグ：テレワークが自由にする住まい方

キーワード ▶テレワーク ▶情報通信技術 ▶労働と住まい ▶居住地選択

5.1 住む力とテレワーク

建築家の菊竹清訓は「住宅とは人間の生活の自由を確保するものだ」（注1）と言った．この「人間の生活の自由」の大切な一角を構成するのが，ある一人の人間が，1）住みたい場所に，2）住みたいように，3）住み続けることであると筆者は考えている．

本章では，テレワークという比較的新しいワークライフスタイル（働き方と暮らし方）を紹介する．そしてテレワークによって，各人がいかに自由に，1）住む場所と働く場所を選び，2）住み働く空間をつくり出し，3）そこに住み続けるために，社会や環境とのつながりをつくっていく可能性があるかを説明する．そこでは各個人が，テレワークを通して，エラブ，ツクル，ツナグという住む力を得る．

テレワークの住む力への貢献は，これまで正しく理解され，育てられてきただろうか．本章ではまず，テレワークとは何か，なぜ増加してきたのかに触れる．その上で，テレワークでエラブ・ツクル・ツナグとは具体的にどのようなことなのか，その現状と課題は何かを，おもに欧米の事例を交えて議論していきたい．

5.2 テレワークとは

テレワークの最も一般的な定義は，「情報通信技術（以降ICT）を利用した，場所に捉われない働き方」（注2）である．"テレ"には，遠く離れて，という意味がある．したがってテレワークは，人が働く場所と，その成果である商品やサービスが，実際に提供される場所とが，離された働き方を指す．

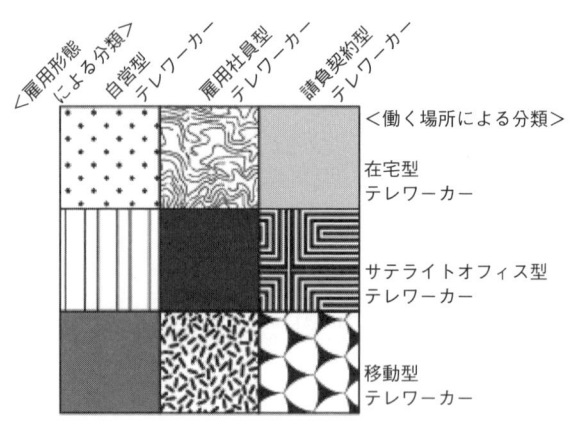

図5.1 テレワーカーの分類

　テレワーカー（テレワークをする人）を，雇用形態と働く場所との，二つの軸で分類すると，その具体像がイメージしやすい（図5.1）．雇用形態としては，自営型・雇用社員型・請負契約型，働く場所としては在宅型・サテライトオフィス型・移動型であり，組み合わせると9種類のテレワーカーがあり，そのすべてを本章の議論に含める．

テレワーカー増加とその理由：推測と現実
　テレワーク人口が，世界中で確実に増加しつつある．日本のテレワーク率は，2002年から2011年の間に6.1%から19.7%に上昇し，テレワーカー数は490万人に達した（注3）（国土交通省2012）．米国では，2002年に約2,000万人だったテレワーカーが，2010年には2,620万人となり，これも労働人口の約2割である（WorldatWork 2011）．英国では，テレワーク率が10年でほぼ倍増し，2007年には8.9%となった（Parker 2012）．EUでは国ごとの格差があるが，平均では，2005年に男性9.54%，女性6.89%のテレワーク率である（European Foundation 2007）．なぜテレワーカーは，増加しているのか．
　その説明にしばしば使われてきたのが，環境・経済・生活の質の三つを高めようとする力が同時に働いて，テレワークが増加したという考え方である．テレワーカーが増えれば，社会にとっては，通勤交通量が減少し，地球環境が改善される．企業にとっては，必要なオフィス面積を小さくでき，仕事の効率も上がるの

で，経済効果が上昇する．労働者にとっては，通勤時間を家事や自分の時間にあてられるので，生活の質が向上する．実にテレワークは三者すべてにパラダイスをもたらす結果，テレワークは増加するのだという推測である．

しかし，少なくとも米国において，過去20年，これら3要素は同じ強さでは働いていない．米国ビジネスは，急変する市場に機敏に対応できるオフィス空間のあり方を求めている．その結果，オフィスでの個人作業スペースは，目に見えて削減された．一方，労働者側から見れば，共働きや父子・母子家庭の増加，労働時間の増加，個人介護負担の増加などのなかで，労働と暮らしのバランスがとりにくくなってきている．企業は，この問題が生産性に与える悪影響に気づき，問題の改善を働き方のフレキシビリティで対応しようとしている．

つまり労働者からみても，企業からみても，テレワークに頼るしかない，という状況になりつつあるのである．これが情報インフラの発達とあいまって，各政府の推進策がなくともテレワーカーが増加しつつある要因である．社会経済的にみて，自然増する状態だからこそ，テレワークと住み方や住む力の関係を真剣に考えなければならない．

5.3 テレワークでエラブ

多くの人が，自分の意思で住む場所を決めていると思っている．はたしてそうだろうか．居住地を決めた理由についての調査をみると，通勤時間と距離の短さが，求められる利便性の最上位にあり，さらに人口密度を含めた環境の良さ，学校の質の高さなどが続く．これらと自分の住みたい規模・グレードの住宅の値段をバランスさせる形で，居住地が決められており，それは日本でも，北米，ヨーロッパでも変わりはない．

このように通勤時間と距離は大きな立地要件なのだが，その長さには限界がある．すなわち働く年齢層に限るならば，職から遠すぎるところ，または職がない地域には住めない．私たちは居住地を自由意志で選んでいるようであって，実はまず職があって，その結果，限られた地域において，住まいを選ばざるをえない．

何をエラブのか

テレワークはICTを使って仕事をするので，職との関係にしばられることな

く，住む場所をエラブことができる．そう聞くと，すべてのテレワーカーが，リゾートや田舎に，完全移住する像を思い浮かべる人が多いが，実はそう簡単なことではない．

　テレワーカーの働く場所は，在宅型・サテライトオフィス型・移動型の三つに分類されると述べた．しかしICTを使って働く限り，このうちの一つだけを選ぶ必要はない．また雇用社員型・請負契約型の場合，もともと通っていた職場（以降，旧オフィス）へ出向くこともある．したがって，テレワーカーは，旧オフィス・自宅・サテライトオフィス，そしてそれら各々の中間地点のうちの，どこでどの頻度で，どの時間に仕事をするか，という働き方をエラブことになる．

　この選ばれた働き方のありようは，住む場所をエラブのに当然影響する．同時に，働き方のほうにはICTのおかげで自由度があるのだから，選んだ住む場所が働き方にも影響する．つまり働き方と住む場所は，別々に独立してはおらず，互いに関係しあっているものであって，その組み合わせのありようを，テレワーカーはエラブのである．

誰がエラブのか：テレワーカーとはどんな人たちか

　テレワーカーの姿（性別・年齢・学歴・職）に，もはや典型像はない．これまで，行政や研究者たちは，その典型像を統計から描き出そうとし，それは「企業の管理職・技術職にある，高い教育を受けた，中年男性である」とされてきた．統計の最多値をとるのであれば，この典型像は今も間違ってはいない．米国の例で最多値を見るなら，テレワーカーの55％が男性で，年齢の中央値が40歳，44％が大学卒であり，半数が管理職・技術職にある（注4）．

　しかし，同じ統計を違う読み方をすれば，米国テレワーカーの45％が女性であり，34歳以下のテレワーカーも42％いて，短大卒以下の学歴をもつ人が55％，管理職ではない人も5割に達することがわかる．つまり実際には，いわゆる典型像から外れて，多様な人びとがテレワークをしている．さらには，高卒者のテレワーク率が年々上がる（注5）など，ICTの普及にともなって，典型と非典型との差は縮まってきている．今や誰もが，テレワーカーでありえるのである．

どこをエラブのか：働く場所

　それでは，テレワークをする場所に典型像はあるだろうか．表5.1に示した米

国の例では，テレワーカーが仕事をした場所として，自宅を挙げた人が最も多いが，2006〜2010 年に，その割合は 76％から 63％に減少した．一方で，休暇先，ホテル，飲食店，得意先などが上昇の傾向にあり，各々約 30％のテレワーカーが利用している．このほか，サテライトオフィスを含めて，駅・空港，公共交通機関での移動中，図書館，公園などが，各々 10〜15％の人に利用されている．つまり，目下のところ，自宅を中心にテレワークするという典型像があるが，それも多様化し，典型性を少しずつ失いつつあるといえる．

表 5.1　各場所で調査前月に働いたことのある人の割合（％，複数回答）（WorldatWork 2011）

	自宅	車の中	休暇中	ホテル	飲食店	得意先	空港,駅	公園,屋外	図書館	テレワークセンター	サテライトオフィス
2006 年	76	38	18	26	31	28	16	19	16	データ無	13
2010 年	63	40	37	36	34	33	16	14	13	12	11

どこをエラブのか：住む場所

テレワークを始めることで，人は住む場所やその選択の基準を変えるだろうか．米国ではテレワーク導入初期に，通勤交通の減少とそれによる大気汚染の改善が，政策上目立って謳われたために，「テレワークによって，人は都心からより離れたところに住むようになるか」が議論の中心となり，必ずしも相容れない研究結果が発表されてきた（Lund and Mokhtarian 1994, Giuliano 1998, Ellen and Hempstead 2002）．

これらの研究はすべて，「テレワーカーに共通した，ひとつの居住地傾向が，いずれ生まれてくるだろう」という前提に基づいてなされている．しかし，上述したように，テレワーカー自身も，その働く場所も，典型像を失いつつある．そのような多様性のなかで，ひとつの居住地傾向が生まれる可能性は低い．各々が勝手な居住地選択基準をもっていると考えるのが自然だろう．

各々がエラブ結果として，それでも居住地選択に何か共通点が見えたとしたら，それはその人たちが元来，住まいに対してもっていた，共通した考え方の結果である．職からの距離，という縛りから切り離されることで，本来の志向性が浮き彫りにされたのだと考えられる．

エラブ場所：米国の場合

　米国では，移民による多人種の国家であることなどを背景に，各人の人種・学歴・収入・社会的地位による住み分けが見られる．その傾向が今後も続くことは統計上明らかであり，人びとは「自分によく似た人たちの近くに，住みたがる」(Ionidas and Zabel 2002)．

　この共通の住まい観は，テレワークの普及やICT利用によって，より浮き彫りにされるだろう．2000年代の初期からすでに，ネット上では，年収や学歴・家族構成などを入力すれば，広い地域の中から，自分にぴったりの，つまりよく似た人びとが住む地区を探してくれるサービスがあり，住み分けを容易にしている．

　個人の住む力という観点からすれば，住みたかった場所に住めるのだから，これは明らかにプラスである．住民どうしの相似点のなかには，人種・年収だけでなく，ライフスタイルにかかわる気候の好みや，ビジネス・技術の発展方向にかかわる政治・文化に対する考え方も含まれる．したがって，この一種のグルーピングが，より強いコミュニティをつくったり，新しいビジネスを促進する可能性が大いにある．実際，このビジネス効果をねらって，優秀な社員になりそうな層が多く住む場所に，企業が移転する傾向がすでに見られる．

　また，広域的に見た大きなプラス面は人口の分散である．大都市圏外に住む人たちも増える．これは分散であって，都心からの拡散（スプロール）ではない，という点を強調しておきたい．たとえば，自然のなかでの活動を共通要素として，人びとが近くに住むとする．テレワークをしなければ，自然のなかでの暮らしは，都心から可能な範囲で遠ざかる（スプロール）しかなかったが，テレワークを使えば，都心からの距離に関係なく，場所の選択ができる．テレワークで，似たものどうしコミュニティによる人口分散が進めば，大都市圏への人口集中やスプロールによる都市問題が，解決していく可能性がある．

　ただここで，米国においてテレワークが容易にする住み分けは，社会階層間の既存の断絶を助長する可能性もあることは，そのマイナス面として指摘しておきたい．

エラブ場所：日本の場合

　それでは，日本人に共通の居住地の選択基準とは何であり，それがどのよう

に，テレワークによって浮き彫りにされていくのだろうか．近代化以降，ことに過去の50年間，日本の居住地選択の中心は利便性にあり，本流としては今もそれは変わらない．住宅不動産サイトでは，まず通勤に便利，次に通学や買い物に便利という項目が，立地条件として並ぶ．

ただし，それが本当に住みたい場所かというと，話は別である．好景気だった20年前でさえ，たとえば高齢期に住む場所を選ぶにあたっては，自然の豊かな面を重要視するという人が，利便性を重要視する人の3倍にのぼった（内閣府政府広報室1992）．現在，不況や高齢化などを原因として，理想の生き方像が変わりつつあるなか，田舎暮らしの住宅物件情報を扱うサイトも多い．そこに示された立地条件には，スーパー・学校・病院への距離や，インターネット環境などの利便性に加えて，自然の眺望，家庭菜園ができるか，ペットと住めるか，住宅が古民家やログハウスであるかなどが続く．利便性を超えて，生活を豊かにする要素が，住む場所の条件として見直されつつある．日本の場合，テレワークによって，これらが居住地要件のより前面に出てくることが予想される．

実際，テレワーク人口調査（国土交通省2012）によれば，テレワーク率全国第1位は山梨県24.4%であり，第2位は東京都23.8%だが，第3位は沖縄県23.3%である．これだけの人数がすべて，山梨や沖縄に移住したとは考えられないが，テレワークを使うことによって，山梨や沖縄に住み続けることを選べたと言えるのではなかろうか．また，徳島県山間部の神山町で，高速ブロードバンド網を整備したところ，東京のソフト開発会社のサテライトオフィスなどが次々と設置されていることが話題になった．これもまた，働く場所・住む場所の両方を，本来の意味でエラブことが，テレワークにより可能になりつつあることを示している．

5.4 テレワークでツクル

こうして選んだ住む場所と働く場所を使って，テレワーカーは自分の暮らし方・生き方を形成する．それは空間的にいえば，複数の点（場所）と，それを結ぶ線と，点の内部の空間（たとえば住宅やオフィス）を，暮らしの舞台として，どうツクルかということである．また時間的にいえば，その舞台のどの位置に，どの時間に立つことで，暮らしという物語をツクルのかということである．テレワークによって，時間と空間がどのようにつくられつつあるかを順に紹介する．

時間の使い方をツクル

　米国の，ある自営の在宅テレワーカー（35歳女性，毎日テレワーク）と，社員の在宅テレワーカー（週1度テレワーク）の，ある1日の時間の使い方を図5.2に示す．まず気づくのは，家事・育児を含む個人の時間が，仕事の時間の間に挟みこまれていることである．自営テレワーカーでは，早朝から順に，個人・仕事・個人・仕事・個人・コミュニティ活動・個人・仕事と，数時間おきに時間の使い方が入れ替わる．社員テレワーカーでは，入れ替わりが少ないものの，朝の40分，昼間の1時間ほどは，個人の時間である．

　もう一つ共通するのは，個人の時間を昼間にとっても，労働時間を減らしてはおらず，夜働くことで，それをカバーしている点である．自営テレワーカーにいたっては，夜12時まで仕事をしている．テレワーカーの労働時間が決して短くないことは，ヨーロッパ・日本の大規模な調査でも明らかである．

　それでも，多くのテレワーカーたちは生活の質が向上したと捉えている．それは，テレワークのもたらす，フレキシビリティによるところが大きい．カナダの働く母親テレワーカーたち（雇用社員型）は，「仕事と家事に必要な多くの時間数を前にして，いつどの用事をするかを，自ら決められることを歓迎」しており，したがってテレワークで個人の時間が増えなくても，生活の質が上がったと感じている（Hilbrecht et al. 2008）．英国のテレワーカー社員たちは，「どの時間に働くかを，自分で決められることで，たとえ実質労働時間が増えている場合でも，仕事と生活のバランスがとれていると感じる」（Maruyama et al. 2009）．

時間	6:00	7:00	8:00	9:00	10:00	11:00	12:00	13:00	14:00
自営テレワーカーA	個人				仕事			個人	
社員テレワーカーB	個人		仕事		個人	仕事		個人	仕事

時間	15:00	16:00	17:00	18:00	19:00	20:00	21:00	22:00	23:00
自営テレワーカーA	仕事	個人			コミュニティ活動		個人	仕事	
社員テレワーカーB	仕事				個人				

ワーカーA：Pink（2001）による．ワーカーB：雑誌 *Home Office Computing*（2001）による．

図5.2　テレワーカーの1日

ここで大切なのは，彼らが「自分で決める」ことを重要視していることであり，そのめざすところが「フレキシブルな」，つまり仕事と生活が入り混じった状態であることである．労働に使われる時間は，たとえば受注・製造・発送というように，直線的に進む時間であるのに対し，家事・育児・介護の時間は，各作業に基づいて，多層のものが短期に循環する時間である（Adam 1995）．現代においては，異なる構造をもつ，この2種類の時間を共存させるという難しい作業が，老若男女にかかわらず多くの人に要求される．

　加えて，このどちらでもない時間，たとえば休息の時間や家族でゆっくりする時間，自己実現の時間が求められており，実際，コネチカット州の調査では，かつて通勤にあてた時間を，家事・育児にあてた人と，家族団らんや休息にあてた人とは同数だった（Kawai and Shiozaki 2004）．この状況では，自分で時間の組み合わせをつくって生活するのが最も効率的である．テレワークは，この曖昧な時間表を可能にするツールなのである．

空間をツクル

　それでは，この曖昧な時間の使い方は，どのような空間において実現されているのだろうか．つまり，彼らの生活においては，大まかにいえば，自宅・旧オフィス・その間，という3種類の場所に，住む（暮らす）・働くという，2種の機能空間が分配されていることになる．

　テレワークの増加と企業オフィスの空間の再構成は，並行して起こっている．2002年の英国の調査によれば，テレワークを開始した企業の約15％が同時期にオープンプランやホットデスキング（注6）と呼ばれるフレキシブルなレイアウトに変更している（Felstead et al. 2005b）．旧オフィスから追い出された作業を，テレワーカーがオフィス以外の空間をどうつくりこみながら行っているかを以下に見ていく．

空間をツクル：家

　米国では，多くのテレワーカーが，自宅に仕事専用の空間をもっている．たとえば，コネチカット州公務員テレワーカーの6割が，仕事専用の室をもっている．リビングなどの一角を固定の仕事場としている場合を合わせれば，9割が仕事専用空間をもつ（Kawai and Shiozaki 2004）．

これに対応して，住宅空間の側でも変化が見え始め，1999～2002年の間に，ホームオフィスと呼ばれる室のある住宅が33.7％から34.3％に増加し，つねに仕事に使われているホームオフィスがある住宅も9％から9.6％に増加している（注7）(IDG 2002)．また2003年の調査によると，消費者の68％がホームオフィスは必要，もしくは望ましい機能空間だと捉えており，25万ドル（約2,000万円）以上の住宅であればあるのが当然だと考えている（注8）(NAHB Consumer Preference Survey 2003)．

　しかし専用空間に，仕事がおさまっているとは限らない．食堂で仕事をするほうがよいという人や，朝はキッチンで，子どもに食事をさせながら，自分はパソコンで仕事にログインするという人がある（Kawai and Shiozaki 2004, Halford 2005)．こうした専用空間からの仕事のはみ出しは，労働と生活の衝突を住宅内で引き起こす．たとえば仕事中に，子どもがオフィス内に入り込んできてうるさいと，テレワーカーが感じる．逆に仕事に遠慮して家でも静かにしなければならないのは，私生活への侵害だと家族が感じることもある（Felstead et al. 2005a)．

　この職と住の住宅内における境界の問題に対して，テレワーカーたちはさまざまな工夫をこらして対応している．たとえば，上述のコネチカット州公務員テレワーカーは，専用空間があるにもかかわらず，オフィス家具を自宅に持ち込んでいない．2割がデスクを持たず，半数が書棚やキャビネットを持たない（Kawai and Shiozaki 2004)．これは，自宅で仕事をするときは，リラックスしていたいという気持ちの表れであるが，同時に，住宅本来の空間の姿（私生活のための空間）を侵害したくないということでもあろう．

　またテレワーカーは，家族との継続的な交渉や，家族構成の変化に応じて，職と住空間の関係をつくりつつあり，英国の事例調査では，分離60％・並置20％・同化10％・衝突10％・合成少数の，5パターンが報告されている（Felstead et al. 2005a)．

　テレワーカーの自宅で，こうした職と住の空間の境界がつねに課題になるのは，時間の場合と同様，労働の場と住む場所には異なる価値が求められるからである．これに加えて，そもそも家（home）という言葉には，住宅（house）という言葉にはない特別な意味・理想像がつきまとい，それはまた国や文化によって異なる．

　たとえば，欧米の白人社会では，家という言葉に，さまざまな物事から逃げ込

む先としての避難所・天国というようなイメージがある．したがって，そこは快適で，安全で，安心な空間であるべきで，その結果として閉じた私的な空間であるというイメージも生まれる（Mallet 2004）．これが，テレワークによる住空間侵害を問題にするときの，理想的な家のイメージの一部であろう．

ところが，この閉じた私的な家のイメージは，歴史的に見れば，工業化・都市化以降に，家族生活や働き方が変わったことによって生まれたものだとする意見も多い（Hareven 1993 など）．かつては，家の中で仕事が行われたり，血縁の家族でないものが同居していたり，教育や医療も家の中で行われていたりした．それらが，工業化などにより取り除かれた結果，家が外部からの避難所になり，閉じた私的な空間になったというのである．

テレワーカーの自宅での空間づくりは，神聖な私生活の場所に，無理やり労働を押し込むことではない．理想的な家の意味とイメージが，工業化で家から労働を取り除くことで変わったように，またそこに労働を持ち帰ることで，新しい家の意味とイメージをつくることなのである．

空間をツクル：その間の空間

次に，自宅でもなく，旧オフィスでもない"その間の空間"を，テレワーカーはどのようにつくりつつあるのだろうか．ここで"その間の空間"とは，住宅と旧オフィス以外のすべての用途の建物を指すと同時に，道路・公園・交通機関などの公共空間を含む．

まず働くための空間が，これまでになかった地域に入り込みつつある．米国では，オフィスコンドミニアムとかスモールオフィスパークなどと呼ばれる，集合型小オフィスの開発が郊外で見られるようになった．これは，会社役員や自営業者の，自宅近くにオフィスをもちたいという需要に応えるものである．これらのオフィスの多くは，興味深いことに，平屋か2階建てで，その建築形態も住宅風である（図5.3）．

また，これまで旧オフィスのなかにあった空間が，街中や郊外の"その間の空間"に出現してきている．米国で近年，都心だけでなく郊外でも増えてきたコーヒーショップも，そのひとつである．スターバックスが，自らを第三の空間と呼んでいるが，まさにそこは自宅でもオフィスでもない仕事場であり，小オフィスに欠ける応接・会議空間を提供している．宅配の集配所や高速道路のサービスエ

図 5.3 住宅風のオフィス開発（米国コネチカット州）

リアに，印刷機能や，会議室・オフィス機能を付加した施設も増えつつある．つまり働く空間は，広域スケールでみて，都心から他所へあふれ出ているだけでなく，小さいスケールでみても，オフィスや住宅からあふれ出してきているのである．

"その間の空間"では，人はそこにどんな設備が整っているか，どんな問題が起こるのかが想定できない．さらにそこには，つねに他人がいて，その誰かと空間を共有しなくてはならない．こうした想定外の環境を，自分の仕事に都合のよいようにするために，テレワーカーたちがさまざまな工夫をしていることも報告されている．

自分の仕事場だという境界線をつくる人がいる．あるいは公の空間のなかで，これは自分の空間だと感じるためにさまざまな工夫がこらされる．それは徒歩でなく車で移動したり，飛行機や電車で2席を占領したり，レストランで壁に向かって座ることでつくり出されている．また，自分の仕事に必要なさまざまな作業を，それぞれ適した場所に配分することも行っている（Felstead et al. 2005a）．

このように，テレワーカーが"その間の空間"を自分仕様につくりなおしつつあるということは，彼らがそこをつねに意識し続けているということのあらわれだろう．自宅から毎日会社へ通勤するという，これまでの労働形態のなかで，私

たちは"その間の空間"，つまり，まちやコミュニティ全体の空間に意識を向けてきただろうか．テレワーカーは，これまで無意識に見過ごされていた"その間の空間"，つまり多くの人に開かれた空間を掘り起こし，そのあり方を変えつつあるのである．

情報通信技術 ICT と公私の境界

　時間においても空間においても，自宅のなかでも外でも，テレワーカーは，自分仕様のものをツクルという作業をつねに続けている．そのなかで，働くことと住むことの間，あるいは公私・内外・自他の境界のありかたが注目されつつある．

　空間的には，これはテレワーカーがつねに扱う，電子情報というものの性格によるところが大きい．情報は，モノと違い，一つの場所に属したりはしない．つねにそれを扱う人と一緒に，移動し続け，人がそれを身にまとっているような印象を与える．つまりテレワーカーは，仕事の情報，つまりその家族にとっては外部に属する情報を身につけて，私的な空間である自宅を動き回る．同様にテレワーカーは，他人にとっては私的な情報である仕事の情報を身につけて，公的な空間を動き回る．どちらの場合においても，それは内外，もしくは公私の境界の存在を，私たちに気づかせるのである．

　考えてみれば，テレワーカーでなくても，電子情報を身につけているかぎり，公私の境はさまざまなところで発生し，その存在を主張する（注9）．家庭の食卓で，携帯電話の電子メールをチェックすれば，個人（私）と家族（公）の時間・空間が同時に存在し，電車のなかで携帯電話で話せば，個人と一般のそれが，同時に存在することになる．社会学者のジョン・アリーは，これを公私がともに流体化した状態だと称した（Sheller and Urry 2003）．社会の情報化が抗えないものだとすれば，私たちが暮らしていく空間を，働く空間・住む空間・公の空間というように，機能やその公的・私的の度合で区分し続けていくのには無理があるだろう．各人が動き回り，働き，住むなかで，つねにその身のまわりに，空間をツクリ続けることがふさわしくなり，テレワーカーはいわばそれを早めに経験しているのである．

5.5 テレワークでツナグ

　冒頭で，テレワークは，住み続けるために，社会や環境とのツナガリをつくる可能性があると述べた．それでは，テレワークの何がツナグという役目をはたすのか．二つの要素が考えられる．まずテレワーカーは，長時間，ICTのネットワークに接続している．そのことが彼らを，一般に社会と呼ばれているものにつないでいくだろう．

　次に当然ながら，テレワーカーの身体は空間を物理的に占有し，前節で述べたような空間をツクリ続けている．この，どこかに実際にいて，そこで時間を過ごすことが，テレワーカーを社会や環境につなぐ．旧来の労働形態のように，都心で働き，郊外に寝に帰るというのではなく，自宅付近で長時間を過ごしたり，まちのさまざまな場所で，各々短い時間を過ごすこと，そしてそれらの場所で，仕事と暮らしの両方を繰り広げるという行為が，これまでとは違う形で，各人と社会・環境をツナグという役目を果たすと考えられる．

　このICTと実空間による二つのツナガリは，テレワークの成立要件と密接に結びつくゆえに，互いに明解に切り離されず，助長したり，打ち消しあったりするものとして，現れていくに違いない．

どこにツナグのか：個へのツナガリ

　社会や環境と一言でいうけれども，テレワーカーは，一体何につながるのだろう．情報化の進むなかで，社会の姿について，大きく分けて二つの考え方が提示されてきている．

　その一つは，古くからの意味での社会，つまり場所や文化に依存し，個人の権利や義務とかかわり，その一員であることが，人間として認められることと同意であるような社会はすでに存在しない，もしくは弱まっているというものである．この消失や退行が起こるのは，ひとつには，各個人がつねに移動しながら，コミュニケーションをとるからである（Townsend 2002）．あるいは，人も情報もモノも，混沌とした流動体として動き続けるようになったからだという説明も示されている（Urry 2000）．いずれにせよ，旧来の社会が退行・消失しているという前提に立てば，個人であるテレワーカーがつながるのは，自分以外の多くの個人であり，あるいは多くの個別のモノや情報である．そしてそのツナガリは，移動や流動のなかで生まれるがゆえに，瞬間的なツナガリである．

このバラバラで，瞬間的なツナガリは，テレワーカーがどこかに住み続けることに，貢献するだろうか．すぐに思いつく答えは否であろう．それは私たちが，場所とは，歴史や風土に基づいているために，すぐには変わらないと考えがちだからである．しかし場所というものが，永久で固定されたものでなく，「メタボリズム（新陳代謝）の高い存在」(Townsend 2002) になりつつある，あるいは本来そうだったとしたらどうだろう．場所の占める空間・その住民・そこでの活動のうちの何かが，各テレワーカーの個別で瞬間的なツナガリに，反応するようになっていれば，テレワーカーが住み続けやすくなるのではないだろうか．

さらには，大勢のバラバラな個につながっているからこそ，テレワーカー自身は，ひとつの場所から動かずにすむのだという捉え方もできる．考えるべきは，テレワークだけではない．ICTによって，家の意味が変わりつつあるように，場所の意味やその仕組みも，変わりつつあるのかもしれないのである．

どこにツナグのか：実空間での社会へのツナガリ

社会に対する第二の捉え方は，場所に基づいた社会やコミュニティは，今も存在するというものである．この前提に立てば，個人はICTを通して，別の個人につながるだけでなく，実空間の社会へとつながりえる．

今も社会があるとするのは，希望的観測だと捉える向きもある．しかしたとえば，英国の調査では，ICTの出現前後で，各人の近しい友人や親戚の人数は変わらず，近しい人びととの対話は電子メールよりも，直接会うことで取られていた (Wellman and Hogan 2006)．

また米国の情報系企業が，その場所を移すにあたっては，オーナーや重役の自宅に近く，提供される生活の質が高いことが，場所選択の重要な要素となっている (Beyers 2000)．これらも，実空間のコミュニティやその環境が，今も存在し，大切だと認識されていることを指し示す．

ツナゲル手法

この実在する社会と，電子社会を結びつけるものとして，近年注目されはじめたのがコミュニティ情報科学 (Community Informatics：以下 CI) である．CI とは，「コミュニティレベルで，経済と社会を振興するさまざまな努力を，結びつける技術手法」(Gurstein 2000) である．その技術手法には，住民の情報への接

続を確保し，接続を提供する機関の立場を正しく位置づけ，ソフトウエアやコミュニティのウェブサイトを作成し，利用者を教育し，仕組み全体の管理維持をすることが含まれる．振興にかかわる要素としては，商業，市民活動，政治参加，健康，文化，教育などがある．

　実は CI と銘打った研究や試行のなかには，働き方と ICT の関係に注目したものはまだ少ない．しかし CI という言葉を使わずとも（注 10），地域整備・開発の試みのなかには，ICT を使って，多くは在宅で働くことが，実空間の社会やコミュニティの活性化につながる，という前提にたってなされているものもある．

　カリフォルニア州ロマリンダ市の，「コミュニティ接続プログラム」はその一例である．ロマリンダ市は，ロサンジェルス大都市圏の周縁に位置する人口 2 万人の町である．歴史ある大学と病院をもち，市民は，町の小ささと特色を壊したくないと考えている．しかし，大学などの提供する職の数に対して，住宅の数が足りない．また市の税収につながるような，事業者の数が足りないことも解決すべき課題であった．

　そのなかで 2004 年，市は私企業に先んじて，光ファイバーを通したインターネット接続サービスを提供し始める．主幹線は市が建設したが，各住戸への接続回線は，水道などの公共インフラ同様，住宅開発業者に敷設を義務づけた．このプログラムは，都市計画や経済開発政策との連携が特徴で，たとえば主幹線は住商混合用途地区を優先して敷設された．光ファイバーと新規開発の組み合わせで，起業家やテレワーカーをひきつけ，職住コミュニティをつくることで，小さな町としての特色を維持しながら，市として自立した経済状態を実現しようという目論見である（Kawai and Horita 2006，Kawai 2008）．

　他にも類似の努力は，ユタ州のユートピアという自治体連合組織や，ミネソタ州のテレコム生協などでも見られる（河井・堀田 2009）．日本でも，福島県のいわきテレワークセンターは，IT 事業・人材育成事業の，いわば元請となることで，地域の人びとにテレワークという柔軟な働き方を提供しながら，同時に地域ブランドを掘り起こし，その販売もネット上で行ってきた．早くから，起業支援と ICT を結びつけ，ソーホー施設の提供などを行ってきた東京都三鷹市とともに，労働・生産を中心にした CI の好例である．

ツナガリの現れ方

　テレワーカーの個へのツナガリ，あるいは実空間の社会・環境へのツナガリが，実際にどのような形で現れるのか．そして，ロマリンダ市のようなツナゲル手法は，はたして功をなすものなのか．こうした点を，偏りなく評価できる材料はまだ揃っていない．

　しかし，予測できる変化のひとつは，とくに自営のテレワーカーが，自宅や"その間の空間"で，モノやサービスを生産し販売することでできる，新しいツナガリである．たとえばこれまでも，米国のスモールビジネスの9割が何らかの非営利団体への寄付をしてきたが，その8割が地元団体への寄付であり，こうした金銭寄付をした企業の半数以上が，モノの提供やボランティア活動も行っている（Princeton Research 2001）．これらは，自営業者の地元への営業活動であるわけだが，同時に，地元社会からのサポートやツナガリがなければビジネスが成り立たないと，彼らが考えているという証でもある．今後も自営テレワーカーは，実空間で生産と販売をするために，社会とのツナガリをつくっていくに違いない．

　もうひとつは，仕事や生活に必要な買い物や，各種のサービスを，テレワーカーたちがどこで受けるかということである．現在，米国のオフィスワーカーは，その62％が週に一度は，平日の仕事中や仕事後に，多くは都心の勤務地付近で，買い物をしている（ICSC 2004）．テレワークを開始すると，この購買習慣が変わることが，容易に予測され，実際，コネチカット州の調査でも，自宅でのテレワークの開始前後で，食料品の購入場所を変えた人が17％，使う郵便局の場所を変えた人が22％で，そのほとんどが都心から近隣への変更であった（Kawai and Shiozaki 2004）．このようにテレワーカーは，モノやサービスの消費を通しても，実空間の社会やコミュニティとツナガリつつある．

生産はツナガリを強める

　以上のように，テレワーカーは，ICTのネットワークにつねに接続し，自分自身は，これまでのような都心の職場だけでなく，自宅や"その間の空間"にいることで，バラバラで瞬間的な個へのツナガリと，実空間にある社会へのツナガリとの両方を，つくり始めている．

　こうしたツナガリの性格や度合は，まだ曖昧である．しかしこれらのツナガリ

が，ある場所にテレワーカーが住み続けることに貢献していくだろうと期待ができ，その前提のもとに，CIの試みもなされている．それはテレワーカーが，ただの情報接続や操作ではなく，そこで生産を行うからである．生産を通じて，テレワーカーは，自分が住み働く地域の社会に，経済的に貢献する．地域住民の経済状況や生活の質を向上させ，それがひいては，地域社会の住みやすさにつながる．

つまり，生産するという行為を通して，テレワーカーは，自分がエランダ場所の力を，増強しているのである．テレワークで拡大されるのは，個人の住む力だけではない．場所が人を住まわせる力も，育てていくのだといえるだろう．

5.6 おわりに：住む力と場所の力

以上，テレワークでエラブ・ツクル・ツナグとは，具体的にどういうことなのか，その現状と予測できる課題を議論してきた．

テレワークは，冒頭に引用した「人間の生活の自由」を確保しつつある．これまで住みたいのに住めなかった場所にも，住めるようになる．自分仕様の時間の使い方を通して，生活の質を改善できる．住宅やその周辺の空間に，生産機能が取り戻されることで，新しい住宅像が可能になり，地域の公共空間に向ける意識も高まる．インターネットを通しての多くの個とのつながりに加えて，これまで時間的に余裕のなかった，実空間のコミュニティとのつながりもつくっていくことができる．こうしてテレワーカーは，自由な暮らし方・働き方・住み方をする力を，テレワークを通して手に入れるのである．そしてこのテレワーカー個人の力は，生産という行為を通して，人を住まわせる力を，場所に与える．

最後に，このテレワーカーの得た住む力が，場所（コミュニティ，市町村，地域，国）にとって，何を意味するのかに触れておきたい．

「社会的持続可能性」という言葉がある．山野や海や空気などの，見たり触れたりできる環境だけでなく，人間の社会が，子孫を生み育て，物やサービスを生産しながら，終わりなく続いていく可能性のことである．

テレワークは，人にエラブという自由を与える．だから，ある場所に移住した人が，何らかの理由で，また別の場所に移ることもありえる．しかし彼らが，その活動や空間づくり（つまりツナグやツクル）を通して，つくった魅力や資源は，その場所に残る．それにひきつけられた次の住人たちが，ここに移り住むの

であれば，その場所の社会的持続可能性は，しっかりと保たれる．

したがってテレワークは，個人に住む力を与えることで，場所のもつ小さな力を，大きく安定した力にする可能性をもっている．むろんこれを実現するには，場所の側で，何もしなくてよいというわけではない．場所の力とは「市民がもつ社会の記憶を育む力」(Hyden 1995) である．徳島には美しい自然という魅力が，ロマリンダには高い生活の質という魅力が，場所の「記憶」として存在した．各々の場所は，それを掘り起こし，可視化し，居住と生産が容易なように，ソフトやハードのインフラを整えた．この努力を通して初めて，テレワーカーたちがそこに集まり，場所の記憶が「育まれ」，場所の力が成長したのである．

場所の力の強化は，エラブ選択肢を増やすことで，また個人の住む力に立ち戻って貢献する．住む力と場所の力は一体なのであり，増加しつつあるテレワーカーたちを，その両方にしっかりと取り込むべき時代がきている．エラブ・ツクル・ツナグは，その取り込みのためのキーワードなのである． [河井容子]

注1　DVD「東京のモダニズム建築」第1巻住宅篇に収録のインタビューによる（鈴木博之監修，紀伊國屋書店）．

注2　国際テレワーク協会（International Telework Association）による．同協会は，2005年にWorldatWorkに統合．

注3　ここでは，15歳以上の就業者に占めるテレワーカーの割合．この統計では，在宅テレワーカーのみ．

注4　大学卒のデータはWorldatWork, "Telework2011" による2010年調査数値．管理職技術職のデータはITAC 2001による2001年調査数値．

注5　高卒者は18 %（2006年）から24 %（2010年）に増加．WorldatWork, "Telework2011" による．

注6　各社員が自分専用の机をもたず，その時々に空いている机を使う仕組み．

注7　米国では，Home Officeという名前の室が，仕事をするオフィスになっている場合，収入をともなわない作業をする書斎の場合，その両方を兼ねている場合の3通りがある．

注8　為替レートは1ドル＝80円で計算．

注9　この公私の境界のあいまいさは，企業にとってのセキュリティの問題でもある．ただ，携帯型通信機器が大きく普及した今，その社外利用によるセキュリティの問題は，テレワーカーに限ったことではない．多くの企業は，日本でも欧米でも，技術によって情報漏えいを防ぎ，管理者・担当者の義務と責任を明らかにし，さらにこの二つをガイドラインとして明文化することで，セキュリティを確保しつつある．しかし日本で

は，新しい働き方への抵抗感から，セキュリティを理由に，テレワークを行ってもよい空間の条件を大変厳しくする企業があり，これはテレワークを利用して，空間を個人仕様につくっていくにあたって，今後の課題である．

注10 Community Informaticsという言葉は，現時点でまだ十分普及していない，あるいは限られた国々で使われる傾向にあるようである．たとえば北米でも，カナダの文献には登場するが，米国ではあまり使われない．日本では，ICT利活用の一部として，同様の試みが現れ始めているが，とくに名前はつけられていない．

●参考文献

河井容子・堀田祐三子（2009）「米国の光ファイバー導入住宅地に関する研究―その空間，運営，事業計画の実態―」住宅総合研究財団研究論文集，vol.30, 1-12

国土交通省（2012）「平成23年度テレワーク人口実態調査―調査結果の概要―」

内閣府政府広報室（1992）「高齢期の快適性に関する世論調査」（2012/9/14 www.cao.go.jp より取得）

Adam, Barbara (1995) *Timewatch: The Social Analysis of Time*. Cambridge: Polity Press.

Beyers, William B. (2000) "Cyber space or human space: Wither cities in the age of communication?" In *Cities of Telecommunication Age*, eds. James O. Wheeler, Yuko Aoyama and Barney Warf, 161-180. New York: Routledge.

Ellen, Ingrid Gould, and Katherine Hempstead (2002) Telecommuting and the demand for urban living: A preliminary look at white-collar workers. *Urban Studies* 39 : 749-766.

European Foundation for the Improvement of Living and Working Conditions (2007) *Place of Work and Working Conditions*. Dublin: European Foundation for the Improvement of Living and Working Conditions.

Felstead, Alan, Nick Jewson, and Sally Walter (2005) *Changing Places of Work*. Houndmills, Hampshire; New York, NY: Palgrave Macmillan.

Felstead, Alan, Nick Jewson, and Sally Walters (2005) The shifting locations of work: New statistical evidence on the spaces and places of employment. *Work, Employment and Society* 19 (2): 415-432.

Giuliano, Genevieve (1998) Information technology, work patterns and intra-metropolitan location: A case study. *Urban Studies* 35 : 1077-1095.

Gurstein, Michael (2000) Community informatics: Enabling community uses of information and communications technology. In *Community Informatics: Enabling Community Uses of Information and Communications Technology*, ed. Michael Gurstein, 1-30. Hershey, PA; London: Idea Group Publishing.

Halford, Susan (2005) Hybrid workspace: Re-spatialisation of work, organization and management. *New Technology, Work and Employment* 20 (1): 19-33.

Hareven, Tamara K. (1991) The home and family in historical perspective. *Social Research* 58 (1) : 253-285.

Hilbrecht, Margo, Susan M. Shaw, Laura C. Johnson, and Jean Andrey (2008) "I'm home for the kids": Contradictory implications for Work-Life balance of teleworking mothers. *Gender, Work* and *Organization* 15 (5): 454-476.

International Council for Shopping Centers (ICSC) (2004) *Office Worker Retail Shopping Patterns: A Downtown and Suburban Area Study*. New York: ICSC.

International Data Group (IDG) (2002) *Home Office Market*.

Kawai, Yoko (2008) Work/Life community by telework - possibilities and issues in the case of Loma Linda. *Journal of Green Building* 3 (2): 128-139.

Kawai, Yoko, and Yumiko Horita (2006) Can new IT program be a good urban policy for a municipality? : A case of Loma Linda community program, CA. Paper presented at e-networks in a Increasing Volatile World, Proceedings of the 11th International Workshop of Telework, New Brunswick, Canada.

Kawai, Yoko, and Yoshimitsu Shiozaki (2004) Physical environment of Connecticut state government teleworkers. *Journal of Asian Architecture and Building Engineering* 3 (2): 327-334.

Lund, J. R., and P. L. Mokhtarian (1994) Telecommuting and Residential Location: Theory and Implications for Commute Travel in Monocentric Metropolis. *Transportation Research Record* (1463): 10-14.

Mallett, Shelly (2004) Understanding home: A critical review of the literature. *The Sociological Review* 52 (1): 62-89.

Maruyama, Takao, Peter G. Hopkinson, and Peter W. James (2009) A multivariate analysis of work-life balance outcomes from a large-scale telework programme. *New Technology, Work and Employment* 24 (1): 76-88.

Parker, Jane. Telework in the United Kingdom. in European Industry Relations Observatory Online. accessed April 16, 2012, http://www.eurofound.europa.eu/eiro/2007/11/articles/uk0711039i.htm.

Pink, Daniel H. (2001) *Free Agent Nation: How America's New Independent Workers Are Transforming the Way We Live*. New York: Warner Books.

Princeton Research Associates (2001) *BBB Wise Giving Alliance Small Business Giving Study*. Better Business Bureau.

Sheller, Mimi, and John Urry (2003) Mobile transformations of 'Public' and 'Private' life. *Theory, Culture & Society* 20 (3): 107-125.

Sundlund, Chris (2001) Telework exposed. *Home Office Computing* (March).

Townsend, Anthony (2002) Mobile communications in the twenty-first century city. In *Wireless World: Social and International Aspects of the Mobile Age*, eds. Barry Brown, N. Green and R. Harper, 62-78. London: Springer-Verlag.

Urry, John (2000) Mobile sociology. *British Journal of Sociology* 51 (1): 185-203.

Wellman, Barry, and Bernice Hogan (2006) Connected lives: The project. In *Networked Neighborhoods: The Connected Community in Context*, ed. Patrick Purcell, 161-216. London: Springer.

Worldatwork (2011) *Telework 2011: A Worldatwork Special Report*. Scottsdale, AZ: Worldatwork.

第6章
社会的条件不利地域の「住む力」に学ぶ

キーワード ▶コーポラティブ住宅 ▶コレクティブタウン ▶公営住宅団地
▶住宅地区改良事業

6.1 協動型ハウジング方式による住まいとまちづくり

　日本におけるコーポラティブコレクティブなどによる協動型ハウジング方式は，一般的には所得階層や協働意識の高い世帯が中心となって建設されたものが多い．本章で取り上げる事例は，不良住宅地区改良法に基づく住環境整備事業によって，第2種公営住宅や改良住宅という住宅供給が行われた公的住宅団地エリアにおける，協動型ハウジング方式による住まいとまちづくりの取り組みである．

　これらの地域では，高齢化の進行とコミュニティ機能の減退化，そして地域に対する忌避意識（マイナスイメージ）に対して，地域内外の多様なアクターの力をいかしながら，コミュニティの住む力を発揮させ，持続可能なまちづくりを模索している．本章では，こうした社会的条件不利地域における住まい・まちづくりの事例から，人がつながる空間と機会の創出—協動型ハウジング方式—が，地域を生まれ変わらせる契機となったプロセスを検証し，そこからコミュニティの住む力を発揮させる可能性について論じる．

6.2 コーポラティブ住宅が生み出す多様な住空間と人のつながり

　1960年代から1980年代にかけて，わが国（とくに西日本）では住環境整備事業（住宅地区改良事業等）によって，老朽木造住宅の密集した地区を一掃し，公営・改良住宅団地がつくられた．現在では，これらの住宅は建設から40年以上が経過し，建物の老朽化にともなう建替え・改修が進められてきている．加えて居住者の単身・高齢化や住宅確保要配慮者の増加によって，コミュニティバランス（注1）の維持が困難になっているために，建物の更新とともに地域コミュニ

ティの再生が重要な課題となっている.

　このような課題に対して，いくつかの地区ではまちづくり協議会などの住民組織が設立され，さまざまな世代や世帯が共存し，安心して暮らし続けることができる魅力的なまちづくりを目指した活動が進められている．なかでも注目すべきは，住民組織の活動を基盤として，2000 年以降に本格的な展開をみせた，地域の若年・中堅所得世帯の定住を促す対策としてのコーポラティブ住宅事業である．

「現代長屋 TEN」（大阪市東淀川区）

　「現代長屋 TEN」は，50 年の定期借地権付き鉄筋コンクリート（RC）造 3 階建長屋のコーポラティブ住宅（賃貸借・地代一括支払方式）である（図 6.1）．大阪市住宅供給公社がコーポラティブ住宅組合員（入居希望者）の公募を行い，まちづくり支援にかかわった筆者らが入居希望者とともに住まいづくりのワークショップを重ね，2003 年に竣工した．入居希望者には，地域の市営団地居住者が多く，すでに密度の濃いつながりがあったため，企画段階でのワークショップは，協働を強調することなく，あくまで居住者の想いを住宅計画にいかすプロセスに重点がおかれた（図 6.2）．

　配置計画には，親友関係や親戚関係による隣居形態がいかされたが，むしろプライバシーを確保しつつ，煩わしさのない自然なつながりが意識できるように配慮した結果，長屋形式が採用された．

　住棟のデザインに関しては，①南面する住宅の影響を緩和するための通風日照空間の設定，②立体的な路地と溜まりの設定，③視線と動線の工夫による個別住戸から隣戸，屋上，住宅前道路そしてまちへの段階的なつながりの創出，といった点が特徴的である．この住宅には，コーポラティブ住宅で多く取り入れられる空間ともいえる「共用室」が設けられていない（スペースは用意してあるが，必要に応じて整備しようという考えであった）．むしろ長屋的な生活そのものに共用の要素が組み込まれることが期待されている．

　また，住宅建設の資金工面に旧住宅金融公庫のコーポラティブ融資を見込んでいたため，その融資条件として共用空間の設置が必要であったことから，屋上に共用路地と共用予定の広場をもうけた．この共用空間を，融資が厳しい世帯の住戸の屋上に配置したことで，その地代の一部を全員で負担することとし，当該世

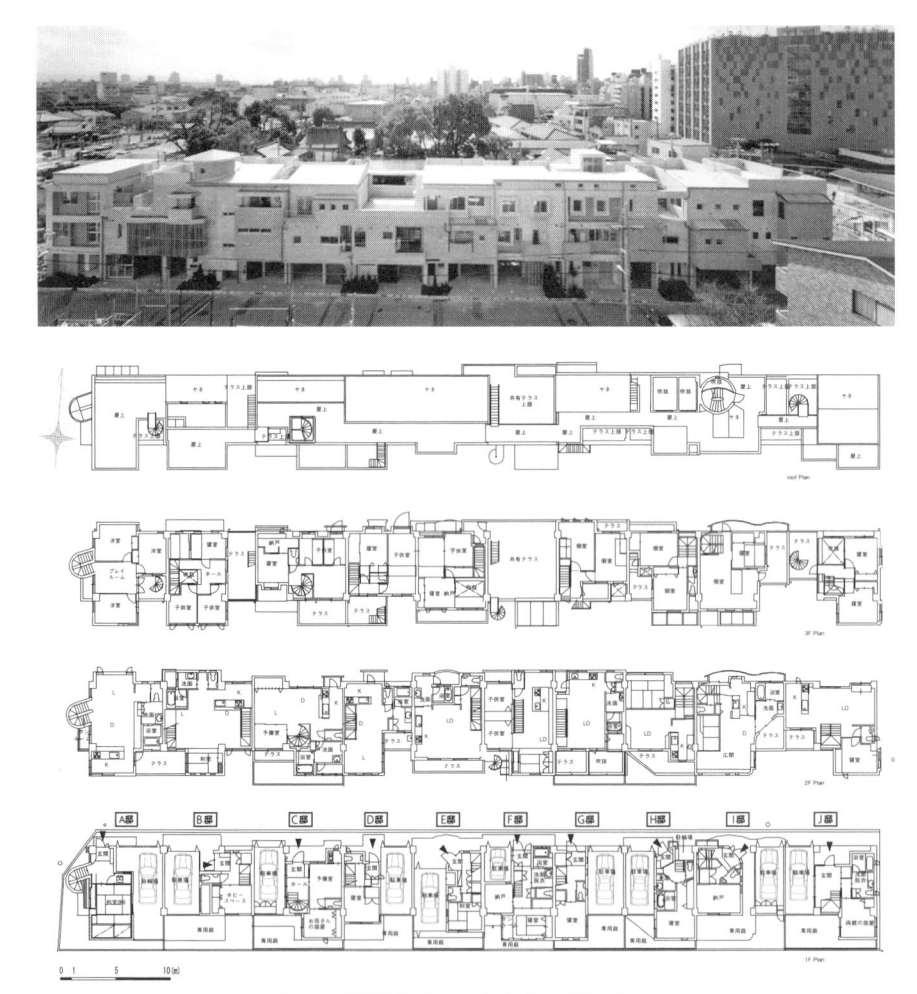

図 6.1 「現代長屋 TEN」とその平面プラン

帯の入居が可能となった．

　共用室がないため，毎月の組合会議は各住戸のリビングが持ち回りで利用されている．現在では，日常的に出会う機会が多いことから，定期的には組合会議は行われていないが，建物のあちこちにある共用空間の利用は充実している．竣工当時は同年代の子どもが多く，夏になると屋上路地 3 カ所に出されるビニールプールをハシゴし，親たちは共有テラスでバーベキューに勤しむなど，子どもを介するつながりが密であった（図 6.3）．また，塾に行かせる経済的余裕がない世帯

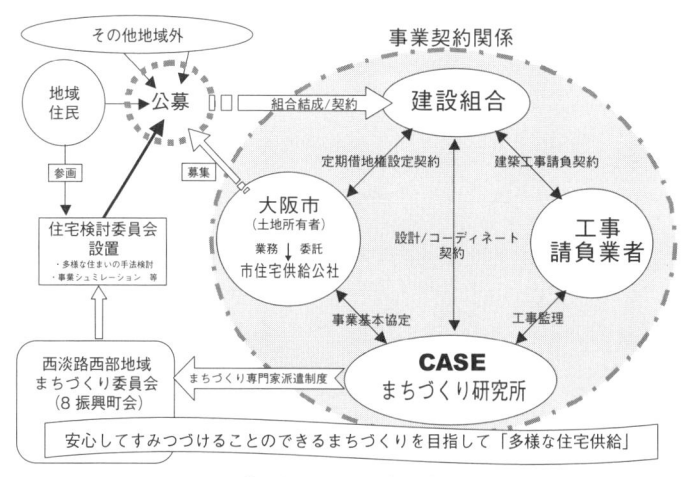

6.2 コーポラティブ住宅が生み出す多様な住空間と人のつながり　　75

図 6.2 「現代長屋 TEN」の事業関係図

図 6.3 「現代長屋 TEN」での共有テラスの利用
　　　（左：ビニールプール，右：バーベキュー）

図 6.4 「現代長屋 TEN」でのリビングの「寺子屋」の様子

もあったことから，ある住戸のリビングを利用して，ここに住む大学生が小学生向けの「寺子屋」(塾) をはじめた (図6.4)．この大学生は，この活動が契機となって，大学卒業後に教育 NPO を設立し，現在各地で活躍中である．その後，子どもたちの成長とともに今度はリタイヤ層の動きが活発化している．外注していた植栽管理を引き継ぐ者，自宅駐車場を「たこ焼き屋」にする者，屋上緑化検討グループの登場など，肩肘張らない活動が次々と生まれていった．

　この住宅の 10 年は，10 世帯の家族の成長とともに変遷する激動の 10 年であったといえる．持ち家を取得したものの収入に余裕のない世帯も多いなかで繰り広げられる長屋生活は，結婚，離婚，受験，就職，転勤，退職，疾病など各世帯の多様なライフイベントにおいて，居住者が相互に「化学反応」しながら多様な活動を生み出した．

「ミルノール」(京都市北区)

　「ミルノール」は，改良住宅建替え事業における分譲更新住宅で，市有地を 60 年間定期借地した民間施行によるコーポラティブ住宅 (賃貸借・家賃支払方式：RC 造 3 階建共同住宅 6 戸＋共用サロン) である (図6.5)．隣接する建替え対象の公営住宅団地居住者のうち中・高額所得者向けの持ち家事業として位置づけられており，その世帯数分に応じた設計費や共用部分の建設費に対する公的補助を受けている．入居世帯は，20 代の単身世帯から子育て世帯，定年退職前の夫婦世帯まで多様であり，その他，鍼灸院経営者など改良住宅世帯以外の周辺地域からの住宅組合への参画があった．

図 6.5　「ミルノール」(京都市北区)

朝倉書店〈土木・建築工学関連書〉ご案内

ランドスケープと都市デザイン —風景計画のこれから—
宮脇 勝著
B5判 152頁 定価(本体3200円+税)(26641-2)

ランドスケープは人々が感じる場所のイメージであり,住み,訪れる場所すべてを対象とする。考え方,景観法などの制度,問題を国内外の事例を通して解説〔内容〕ランドスケープとは何か/特性と知覚/風景計画/都市デザイン/制度と課題

土木工学選書 社会インフラ新建設技術
奥村忠彦編
A5判 288頁 定価(本体5500円+税)(26531-6)

従来の建設技術は品質,コスト,工期,安全を達成する事を目的としていたが,近年はこれに環境を加えることが要求されている。本書は従来の土木,機械,電気といった枠をこえ,情報,化学工学,バイオなど異分野を融合した新技術を詳述。

土木工学選書 地域環境システム
佐藤慎司編
A5判 264頁 定価(本体4800円+税)(26532-3)

国土の持続再生を目指して地域環境をシステムとして把握する。〔内容〕人間活動が地域環境に与えるインパクト/都市におけるエネルギーと熱のマネジメント/人間活動と有毒物質汚染/内湾の水質と生態系/水と生態系のマネジメント

シリーズ〈都市地震工学〉4 都市構造物の耐震性
林 静雄編
B5判 112頁 定価(本体3200円+税)(26524-8)

都市を構成する構造物の耐震性を部材別に豊富な事例で詳説〔内容〕鋼構造物(地震被害例/耐震性能他)/鉄骨造建築(地震被害例/耐震性能)/鉄筋コンクリート造建築(歴史/特徴/耐震設計概念他)/木質構造物(接合部の力学的挙動他)

シリーズ〈都市地震工学〉5 都市構造物の耐震補強技術
二羽淳一郎編
B5判 128頁 定価(本体3200円+税)(26524-8)

建築・土木構造物の耐震補強技術を部材別に豊富な事例で詳説。〔内容〕地盤構造(グラウンドアンカー工法/補強土工法/基礎補強他)/RC土木構造(構造部材の補強/部材増設での補強他)/RC建築構造(歴史/特徴/建築被害と基準法他)

シリーズ〈都市地震工学〉6 都市構造物の損害低減技術
竹内 徹編
A5判 128頁 定価(本体3200円+税)(26526-2)

都市を構成する建築物・橋梁等が大地震に遭遇する際の損害を最小限に留める最新技術を解説。〔内容〕免震構造(モデル化/応答評価他)/制震構造(原理と分類/多質点振動/制震部材/一質点系応答他)/耐震メンテナンス(鋼材の性能/疲労補修他)

シリーズ〈都市地震工学〉7 地震と人間
大野隆造編 青木義次・大佛俊泰・瀬尾和大・藤井 聡著
B5判 128頁 定価(本体3200円+税)(26527-9)

都市の震災時に現れる様々な人間行動を分析し,被害を最小化するための予防対策を考察。〔内容〕震災の歴史的・地理的考察/特性と要因/情報とシステム/人間行動/リスク認知とコミュニケーション/安全対策/報道/地震時火災と避難行動

シリーズ〈都市地震工学〉8 都市震災マネジメント
翠川三郎編
B5判 160頁 定価(本体3800円+税)(26528-6)

都市の震災による損失を最小限に防ぐために必要な方策をハード,ソフトの両面から具体的に解説〔内容〕費用便益分析にもとづく防災投資評価/構造物の耐震設計戦略/リアルタイム地震防災情報システム/地震防災教育の現状・課題・実践例

橋梁の疲労と破壊 —事例から学ぶ—
三木千壽著
B5判 228頁 定価(本体5800円+税)(26159-2)

新幹線・高速道路などにおいて橋梁の劣化が進行している。その劣化は溶接欠陥・疲労強度の低さ・想定外の応力など,各種の原因が考えられる。本書は国内外の様々な事故例を教訓に合理的なメンテナンスを求めて圧倒的な図・写真で解説する。

みどりによる環境改善 —機能と評価—
戸塚 績編著
B5判 160頁 定価(本体3600円+税)(18044-2)

植物の生理的機能を基礎に,植生・緑による環境改善機能と定量的な評価方法をまとめる。〔内容〕植物・植栽の大気浄化機能/緑地整備/都市気候改善機能/室内空気汚染改善法/水環境浄化機能(深水域・海水域)/土壌環境浄化機能

エース建築工学シリーズ
教育的視点を重視し，平易に解説した大学ジュニア向けシリーズ

エース鉄骨構造学
五十嵐定義・脇山廣三・中島茂壽・辻岡静雄著
A5判 208頁 定価（本体3400円＋税）（26861-4）

鋼構造の技術を，根幹となる構造理論に加え，平易に解説。定番の教科書を時代に即して改訂。大学・短大・高専の学生に最適。〔内容〕荷重ならびに応力の算定／材料／許容応力度／接合法／引張材／圧縮材の座屈強さと許容圧縮応力度／他

エース建築環境工学Ⅰ －日照・光・音－
松浦邦男・高橋大弐著
A5判 176頁 定価（本体3200円＋税）（26862-1）

建築物内部の快適化を求めて体系的に解説。〔内容〕日照（太陽位置，遮蔽設計，他）／日射（直達日射，日照調整計画，他）／採光と照明（照度の計算，人工照明計画，他）／音環境・建築音響（吸音と遮音・音響材料，室内音響計画，他）

エース建築環境工学Ⅱ －熱・湿気・換気－
鉾井修一・池田哲朗・新田勝通著
A5判 248頁 定価（本体3800円＋税）（26863-8）

Ⅰ巻を受けて体系的に解説。〔内容〕Ⅰ編：気象／Ⅱ編：熱（熱環境と温熱感，壁体を通しての熱移動と室温，等）／Ⅲ編：湿気（建物の熱・湿気変動，結露と結露対策，等）／Ⅳ編：換気（換気計算法，室内空気室の時間変化と空間変化，等）

エース鉄筋コンクリート構造
渡辺史夫・窪田敏行著
A5判 136頁 定価（本体2600円＋税）（26864-5）

教育経験をもとに簡潔コンパクトに述べた教科書。〔内容〕鉄筋コンクリート構造／材料／曲げおよび軸力に対する解析・柱断面の解析／付着とせん断に対する解析／柱・梁の終局変形／柱・梁接合部の解析／壁の解析／床スラブ／例題と解

エース建築構造材料学
中塚 佶・濱原正行・村上雅英・飯島泰男著
A5判 212頁 定価（本体3200円＋税）（26865-2）

設計・施工に不可欠でありながら多種多様であるために理解しにくい建築材料を構造材料に絞り，構造との関連性を含めて簡潔に解説したテキスト〔内容〕Ⅰ編：建築の構造と材料学，Ⅱ編：主要な建築構造材料（コンクリート，鋼材，木質材料）

〔続刊〕　エース建築計画　　エース建築設備システム

コンクリート補修・補強ハンドブック
宮川豊章総編集　大即信明・清水昭之・小柳光生・守分敦郎・上東 泰編
B5判 656頁 定価（本体26000円＋税）（26156-1）

コンクリート構造物の塩害や凍害等さまざまな劣化のメカニズムから説き起こし，剥離やひび割れ等の劣化の診断・評価・判定，測定手法を詳述。実務現場からの有益な事例，失敗事例を紹介し，土木・建築双方からアプローチする。土木構造物では，橋梁・高架橋，港湾構造物，下水道施設，トンネル，ダム，農業用水路等，建築構造物では集合住宅，工場・倉庫，事務所・店舗等の一般建築物に焦点をあて，それぞれの劣化評価法から補修・補強工法を写真・図を多用し解説

建築設備ハンドブック
紀谷文樹・酒井寛二・瀧澤 博・田中清治・松縄 堅・水野 稔・山田賢次編
B5判 952頁 定価（本体30000円＋税）（26627-6）

社会の情報化，環境問題への対応を中心に，急速に発展し，変貌する建築設備分野の技術を全般にわたって網羅。建築設備技術者の座右にあって建築設備の全分野にわたり，計画上必要な基本知識を手軽に得られるようコンパクトに解説。設備以外の分野の関係者にもわかりやすく計画論を整理して提供。〔内容〕建築設備計画原論／設備計画の基礎／都市インフラと汎用設備／空気調和設備／給排水衛生設備／電気設備／防災・防犯設備／材料と施工

コンクリート工学ハンドブック

西林新蔵・小柳 洽・渡邉史夫・宮川豊章編
B5判 115頁 定価（本体65000円+税）（26013-7）

1981年刊行で，高い評価を受けた「改訂新版コンクリート工学ハンドブック」の全面改訂版。多様化，高性能・高機能化した近年のめざましい進歩・発展を取り入れ，基礎から最新の成果までを網羅して，内容の充実・一新をはかり，研究者から現場技術者に至る広い範囲の読者のニーズに応える。21世紀をしかと見据えたマイルストーンとしての役割を果たす本。〔内容〕材料編／コンクリート編／コンクリート製品編／施工編／構造物の維持，管理と補修・補強／付：実験計画法

シリーズ〈建築工学〉
基礎から応用まで平易に解説した教科書シリーズ

1. 建築デザイン計画

服部岑生・佐藤 平・荒木兵一郎・水野一郎・戸部栄一・市原 出・日色真帆・笠嶋 泰著
B5判 216頁 定価（本体4200円+税）（26871-3）

建築計画を設計のための素養としてでなく，設計の動機付けとなるように配慮。〔内容〕建築計画の状況／建築計画を始めるために／デザイン計画について考える／デザイン計画を進めるために／身近な建築／現代の建築設計／建築計画の研究／他

2. 建築構造の力学

西川孝夫・北山和宏・藤田香織・隈澤文俊・荒川利治・山村一繁・小寺正孝著
B5判 144頁 定価（本体3200円+税）（26872-0）

初めて構造力学を学ぶ学生のために，コンピュータの使用にも配慮し，やさしく，わかりやすく解説した教科書。〔内容〕力とつり合い／基本的な構造部材の応力／応力度とひずみ度／骨組の応力と変形／コンピュータによる構造解析／他

3. 建築の振動

西川孝夫・荒川利治・久田嘉章・曽田五月也・藤堂正喜著
B5判 116頁 定価（本体3200円+税）（26873-7）

建築構造物の揺れの解析について，具体的に，わかりやすく解説。〔内容〕振動解析の基礎／単純な1自由度系構造物の解析／複雑な構造物（多自由度系）の振動／地震応答解析／耐震設計の基礎／付録：シミュレーション・プログラムと解説

4. 建築の振動 －応用編－

西川孝夫・荒川利治・久田嘉章・曽田五月也・藤堂正喜著
B5判 164頁 定価（本体3500円+税）（26874-4）

耐震設計に必須の振動理論を，構造分野を学んだ方を対象に，原理がわかるように丁寧に解説。〔内容〕振動測定とその解析／運動方程式の数値計算法／動的耐震計算／地盤と建物の相互作用／環境振動／地震と地震動／巻末にプログラムを掲載

5. 建築環境工学 －熱環境と空気環境－

宇田川光弘・近藤靖史・秋元孝之・長井達夫著
B5判 180頁 定価（本体3500円+税）（26875-1）

建築の熱・空気環境をやさしく解説。〔内容〕気象・気候／日照と日射／温熱・空気環境／計測／伝熱／熱伝導シミュレーション／室温と熱負荷／湿り空気／結露／湿度調整と蒸発冷却／換気・通風／機械換気計画／室内空気の変動と分布／他

6. 建築材料

松藤泰典・小山智幸・村上 聖・河上嘉人・本田 悟・島添洋治・原田志津男・小山田英弘他著
B5判 176頁 定価（本体3500円+税）（26876-8）

新しい建築基準法，JISやJASSの規格，指針に対応し，建築士の試験問題にも配慮した教科書。〔内容〕石材／ガラス／粘土焼成品／鉄鋼／非鉄金属／木材／高分子材料／セメント／コンクリート／材料試験／材料のリサイクルとLCA／他

6. 都市計画

萩島 哲編著 出口 敦他著
B5判 152頁 定価（本体3200円+税）（26877-5）

わかりやすく解説した教科書。〔内容〕近代・現代の都市計画・都市デザイン／都市のフィジカルプラン・都市計画マスタープラン／まちづくり／都市の交通と環境／文化と景観／都市の緑地・オープンスペースと環境計画／歩行者空間／ほか

エース土木工学シリーズ
教育的視点を重視し,平易に解説した大学ジュニア向けシリーズ

エース土木システム計画
森　康男・新田保次編著
A5判 220頁 定価(本体3800円+税)(26471-5)

土木システム計画を簡潔に解説したテキスト。〔内容〕計画とは将来を考えること/「土木システム」とは何か/土木システム計画の全体像/計画課題の発見/計画の目的・目標・範囲・制約/データ収集/分析の基本的な方法/計画の最適化/他

エース建設構造材料 (改訂新版)
西林新蔵編著
A5判 164頁 定価(本体3000円+税)(26479-1)

土木系の学生を対象にした,わかりやすくコンパクトな教科書。改訂により最新の知見を盛り込み,近年重要な環境への配慮等にも触れた。〔内容〕総論/鉄鋼/セメント/混和材料/骨材/コンクリート/その他の建設構造材料

エース環境計画
和田安彦・菅原正孝・西田　薫・中野加都子著
A5判 192頁 定価(本体2900円+税)(26473-9)

環境問題を体系的に解説した学部学生・高専生用教科書。〔内容〕近年の地球環境問題/環境共生都市の構築/環境計画(水環境計画・大気環境計画・土壌環境計画・廃棄物・環境アセスメント)/これからの環境計画(地球温暖化防止,等)

エース交通工学
樗木　武・横田　漢・堤　昌文・平田登基男・天本徳浩著
A5判 196頁 定価(本体3200円+税)(26474-6)

基礎的な事項から環境問題・IT化など最新の知見までを,平易かつコンパクトにまとめた交通工学テキストの決定版。〔内容〕緒論/調査と交通計画/道路網の計画/自動車交通の流れ/道路設計/舗装構造/維持管理と防災/交通の高度情報化

エース道路工学
植下　協・加藤　晃・小西純一・間山正一著
A5判 228頁 定価(本体3600円+税)(26475-3)

最新のデータ・要綱から環境影響などにも配慮して丁寧に解説した教科書。〔内容〕道路の交通容量/道路の幾何学的設計/土工/舗装概論/路床と路盤/アスファルト・セメントコンクリート舗装/付属施設/道路環境/道路の維持修繕/他

エースコンクリート工学
田澤栄一編著　米倉・笠井・氏家・大下・橋本・河合・市坪著
A5判 264頁 定価(本体3600円+税)(26476-0)

最新の標準示方書に沿って解説。〔内容〕コンクリート用材料/フレッシュ・硬化コンクリートの性質/コンクリートの配合設計/コンクリートの製造・品質管理・検査/施工/コンクリート構造物の維持管理と補修/コンクリートと環境/他

エース測量学
福本武明・荻野正嗣・佐野正典・早川　清・古ияра幸雄・鹿田正昭・繼續　晃・和田安彦著
A5判 216頁 定価(本体3900円+税)(26477-7)

基礎を重視した土木工学系の入門教科書。〔内容〕観測値の処理/距離測量/水準測量/角測量/トラバース測量/三角測量と三辺測量/平板測量/GISと地形測量/写真測量/リモートセンシングとGPS測量/路線測量/面積・体積の算定

エース水文学
池淵周一・椎葉充晴・宝　馨・立川康人著
A5判 216頁 定価(本体3800円+税)(26478-4)

水循環を中心に,適正利用・環境との関係まで解説した新テキスト。〔内容〕地球上の水の分布と放射/降水/蒸発散/積雪・融雪/遮断・浸透/斜面流出/河道網構造と河道流れの数理モデル/流出モデル/降水と洪水のリアルタイム予測/他

ISBN は 978-4-254- を省略　　　　　　　　　　　　(表示価格は2014年3月現在)

朝倉書店
〒162-8707　東京都新宿区新小川町6-29
電話　直通(03) 3260-7631　FAX(03) 3260-0180
http://www.asakura.co.jp　eigyo@asakura.co.jp

建物はRCラーメン構造によるグリット型のスケルトン方式（注2）を取り入れ，各戸はそのグリッド（ユニット）を複数所有する形態になっている．このことで，ワンフロア型やメゾネット型など多様な住戸プランが可能となり，なかには「ハナレ」をもつ住戸もある．また，住棟には，組合員が所有し，運営する共用サロンがあり，そこでは地域福祉を担う拠点として「鍼灸院」が営まれていた（注3）．

このほかにも，留学生の拠点や大学との事業連携など多様なコミュニティ事業が検討された．共用サロンの運営により，ローン返済負担の軽減が図られているとともに，サロンが地域内外の人々の居場所として機能している．

「える」（大阪府八尾市）

「若い世代が住み続け，子どもやお年寄りが安心して暮らせるまちをつくりたい」というまちづくり協議会の思いを受け，2005年に市有地を活用した公募型のコーポラティブ住宅事業「える」がスタートした．この事業は上記2つの事例

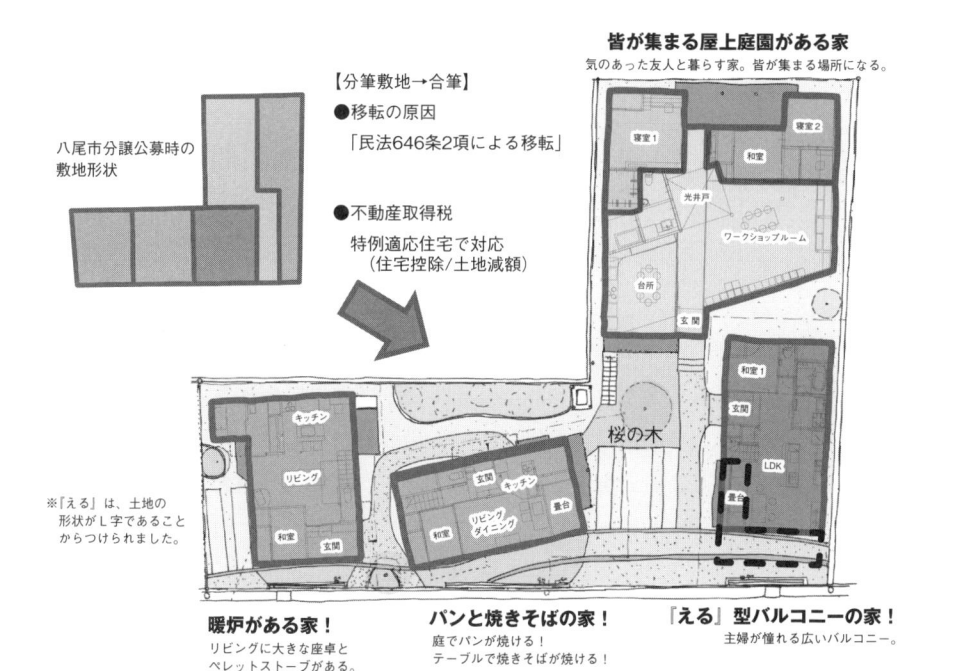

図6.6 「える」（大阪府八尾市）

と同じコーポラティブ住宅であるが，一戸建ての分譲住宅であることが特徴である（図 6.6）．

　敷地が逆 L 字型であり，分筆された土地の上に住宅を建設してもコーポラティブのよさをいかしきれないため，敷地を有効活用できるように，5 筆の土地を合筆して共有持分化した．そうして生み出された土地を 5 世帯が購入し，うち 2 世帯（男性単身シニア）が 1 戸をシェアハウスとすることで，合計 4 戸の木造住宅が建設され，共用地を創出している．聴覚障がいをもつ入居希望者がいたため，当初コーポラティブ事業への参画が懸念されたが，事業プロセスを通じてコミュニケーションが図られていくなかで，懸念は払拭され，逆にそのことが世帯間の協力関係を強化することとなり，コミュニティ形成にきわめて大きな効果を発揮した．なお，この平屋のシェアハウスには 40 畳近くのワークショップルームがつくられ，入居 5 世帯の共用サロンとして利用されており，屋上庭園プロジェクトも進められつつある．

6.3　公営住宅更新事業におけるコーポラティブ方式の活用

　前節で紹介したコーポラティブ住宅事業の試みは，その周辺に立地する公営住宅団地の建替え事業にも広がりをみせた．大阪市の H 団地では，1966 年から 1968 年に建設された 200 戸の公営住宅を対象に建替えが行われ，2008 年に 11 階建 84 戸の住宅が完成した．

　H 団地では，従前入居者の高齢化率が 38.1％，単身高齢者の割合も 26.7％と高く，40～50 歳代の中・壮年世代が少ないため，コミュニティバランスの欠如という課題を有していた．また高齢者が多いため，団地の建替えが生活環境の変化や親しい居住者とのコミュニティの断絶などをもたらし，入居者の移転にともなう負担が大きくなることが想定された．そこで，コーポラティブ方式を取り入れることで，従前入居者の円滑な環境移行の実現を目指すこととなった．

　まずはまちづくり委員会を中心に，アンケートや住まい方調査を行った．この調査から，部屋を一体的に利用している事例が多いこと，将来的な生活変化に応じた間取りを求めるニーズが高いことが明らかとなった．さらにはデザインワークショップを開催し，親しい居住者どうしがユニットを組んで陣取りを行う「コミュニティユニットシステム」を採用し，団地住戸プランを作成した．

　住戸設計に際しては，①間口で住戸面積を規定したうえで，ユーティリティゾ

ーンを設け，将来の間取りの改変および設備改修を容易にする，②間仕切りや可動押入を活用し，住戸中央部にフレキシビリティを高めた部屋を計画することで，隣接する部屋とのつながりを多様にする，③世代・世帯，加齢・介護，従前・新規世帯など，多様なライフスタイルを想定する，の3点が配慮された．

　入居完了から1年後の調査では，各世帯においてすでに可動押入や間仕切りの工夫がなされて，以下のような多様な空間利用が生まれていた．①可動押入を入居時のまま利用し，ワンルームでも個室でもない曖昧な空間利用を継続，②可動押入を移動して，ワンルームとして活用，③各部屋を結びつける3畳の続き間を有効活用し，隣接する部屋との一体感や区画を必要に応じて調整しているもの，④ダイニングの可動押入を他の部屋に移動して，広いLDKをDIYによって水屋置き場やカウンターで仕切るものなどがみられた．さらには入居者のなかには「住みながら変化させよう」という意欲が芽生えており，実際，「もっと工夫したい」という意見が多く聞かれた．住戸のフレキシビリティの確保によって，一般的な間取りタイプでは実現しにくい曖昧な空間利用が可能となり，各世帯の住まい方の工夫を促し，住まい手の空間への積極的な関与を誘発することが可能となったといえる．

　住棟の最上階には，集会所を設置し，最上階の居住者と他階の居住者との出会いの場をつくりだした．また，建替え事業にともなって生まれる既存住棟の空き家問題にも配慮し，対象団地の空き家を「居場所カフェ」としてリノベーションしたプレ事業（学生によるセルフビルド）を行うなど，コミュニティ形成の促進も併せて行われた．こうしたさまざまな工夫を通じて，建替え事業による居住者の生活破綻を未然に防ぎ，円滑な環境移行ができるよう配慮したことで，事業後の居住者間のつながり構築に一定の効果がみられる．とくにコミュニティユニットシステムは，ユニット内での世帯どうしのつきあいを支える役割を果たしており，主として高齢者の環境移行には有効な方法であったと考えている．

　住まいづくりにおいては，入居者の生活の継承や，入居者および周辺地域との既存のつながり，さらには新しい入居者をも巻き込んだ新たなコミュニティ形成などへの配慮が，住まい手やコミュニティの住む力を発揮させることにつながる．こうした点を十分理解し，かつそれを実現することができる「作り手」もまた，住まい手やコミュニティの住む力の発揮には欠かせない存在である．

6.4 コレクティブタウンの取り組み

　最後に，地縁型コミュニティ（自治組織）をベースにしながらも，多様な主体とのつながりを模索するテーマ型コミュニティ（中間支援組織）とのダブルエンジンによって，まちづくりを実践している大阪府箕面市北芝地区を紹介する（図6.7）．北芝地区では，2001年に地域のまちづくり協議会である「お宝発掘隊」と，市民活動を支援する中間組織である「NPO法人暮らしづくりネットワーク北芝」を立ち上げ，この10年のあいだに，地域内外の垣根を超えるきわめて多様なまちづくり活動を行ってきた．筆者は，このような北芝地区のまちの姿をコレクティブタウンと呼んでいる．

　コレクティブタウンとは，コミュニティで相互の安否確認や生活支援等による安心が担保され，かつ世代を問わず多様な協同の居場所（機会）が確保された，地域が住まいの続きのように機能するまちのことであり，元来日本のまちやコミュニティがもっていた自然な姿でもある．住まいとまちの間に共用（利用）の概

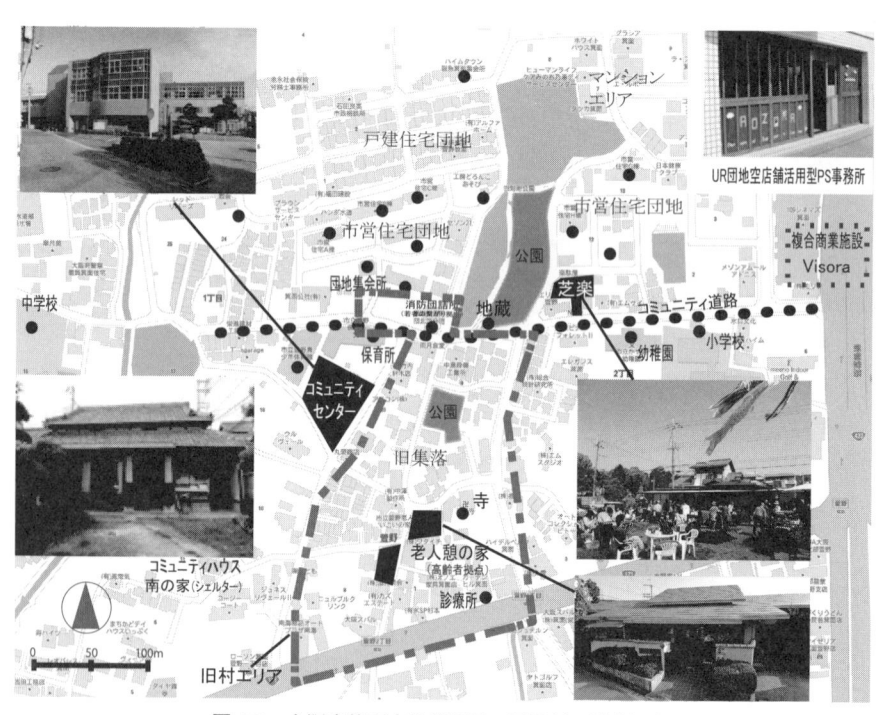

図 6.7　大阪府箕面市北芝地区の居場所・活動拠点

念を再構築し，ゆるやかにつながる選択可能な出会いの機会（居場所）と複層的な地域関係資源のネットワークが確保できているまちの姿をいう．

まちづくりの経緯とその特徴

北芝地区は約 200 世帯の小さな地区であり，現在では，高齢者世帯が全体の 3 割を占めている．1960 年代に住宅地区改良事業が実施されて，改良住宅 126 戸・持ち家 70 戸がつくられた．この地区のまちづくりは，この改良事業から 20 年が経過した 1990 年以降に本格的に動きはじめた．これまでの経緯を五つのフェーズにわけてみていこう．

第 1 フェーズ（1980 年代後半～1999 年）：1980 年代後半に箕面市が実施した教育実態調査において，子どもの自尊感情の低さや，「いつか，どこかで，誰かが，なんとかしてくれる」であろうという，甘えや依存的傾向が生まれていることが表面化したことを機に，住民のまちに対する意識に変化が見え始めた．その後，コミュニティ道路のデザインを考える取り組みなどを通じて，住民がまちの問題を主体的に考えることができるようになり，しだいに住民参画型の自立・自律的なまちづくりへと発展していった．とくに 1995 年の阪神・淡路大震災の支援活動に参加したことが，未曾有の災害時における行政対応の限界と，安心・安全を担保する共助やコミュニティ力の重要性を意識する契機となった．

第 2 フェーズ（1999～2002 年）：地縁型コミュニティに加え，テーマ型コミュニティが設立された．この 2 つのコミュニティを中心に，「つぶやきひろい」という住民ニーズを拾い上げる活動と「達人発掘ワークショップ」を通じて，コミュニティ事業の可能性を検討する活動が行われた．ここでは，事業化にむけたイメージづくりが進められた（図 6.8）．

第 3 フェーズ（2002～2007 年）：第 2 フェーズでイメージ化した事業を，期間限定で試行することとなった．これは，出会いとつながりを創出する舞台づくりを推進する「ゆめ工房（芝楽）」事業として実現した（表 6.1，図 6.9）．

「ゆめ工房（芝楽）」には，T 字型の遊休地約 800 m^2 が活用された．そこに，中古コンテナ 2 基（仮設）がチャレンジショップとして L 字型に設置された．これとは別に本設のコミュニティレストランと NPO 法人の事務所を置いてその間をデッキでつなぎ，デッキを広場（芝楽広場）として，まちづくりの実験場とした．この事業は，地域内外からきわめて多様なアクターが登場する契機とな

図 6.8　まちづくりの第 2 フェーズの活動風景

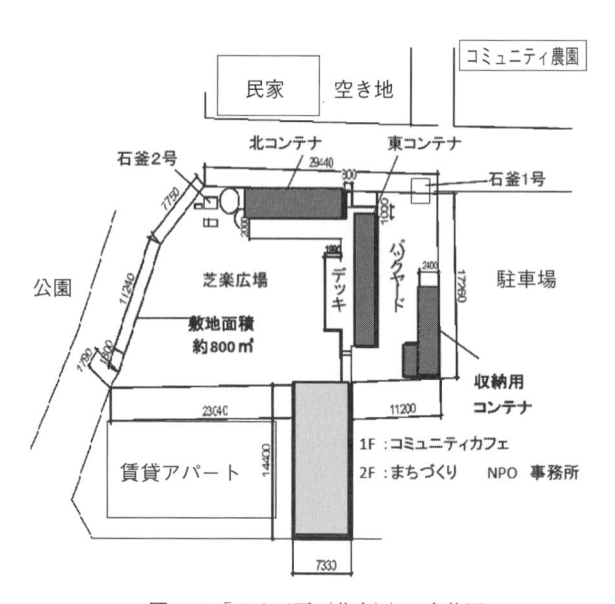

図 6.9　「ゆめ工房（芝楽）」の全体図

6.4 コレクティブタウンの取り組み

表 6.1 期間限定「ゆめ工房（芝楽）」事業（2003）

工房名	活動名（一部）	運営主体	期間	対象・規模
①イベント工房	○地蔵盆，松明麦わら ○昔懐かし幻燈映画会 ○わてとこのごっとう市場 ○キャンドルナイト	事務局＋地域既存組織＋有志 （地区内外協賛）	単発的継続的（月，年）	○校区および地区住民を意識した対象範囲 ○参加者も多い（100人以上）
②情報マッチング工房	○達人発掘ワークショップ ○地域通貨「芝楽」 ○コンテナチャレンジショップコンペ	事務局 （地区内外協賛）	期間限定（実験）	○校区および地区住民を意識 ○募集対象範囲は広いが事業は個別対応
③拠点づくり工房	○芝楽拠点事務所建設ワークショップ ○コンテナブース建設ワークショップ	事務局＋事業運営主体＋有志	単発（初期整備）	○地域住民＋事業者＋子ども ○少人数で実施するも参加のべ数は多い
④おたがいさま工房	○コミュニティケア研究会 ○がってんだ （高齢者支援ボランティア） ○萱野てくしー （移送サービス）他	事務局＋事業運営主体＋有志	随時	○地区高齢者等の安心居住をテーマとする取組みを意識 ○各工房の活動と連携
⑤チャレンジ工房	○モーニング喫茶「すずらん」，駄菓子屋「楽駝屋」 （コンテナチャレンジショップ） ○コミュニティレストランNICO，朝市	事業運営主体	期間限定（継続）	○地区，校区意識 ○各工房の活動と連携 ○各事業で対象者設定：利用者が多い

①イベント工房：新旧のハレの場を再興し，気軽に参加できる出会いの場
②情報マッチング工房：ニーズや人材・地域資源をつなぐ場，事業化検討の場
③拠点づくり工房：各工房の活動拠点および日常的な居場所の創出（建設）
④おたがいさま工房：テーマ設定（安心居住）による活動創出の場
⑤チャレンジ工房：各工房における多様なチャレンジの機会を創出

り，その後のまちづくりを決定づける重要な取り組みとなった．この活動は結果的に5年継続し，その期間のなかで，試行活動の効果と持続性が検討された．

第4フェーズ（2007～2010年）：ボランティア活動からコミュニティ事業への転換期にあたる．「ゆめ工房（芝楽）」事業をきっかけとして，多様な活動が展開され，多くの人がつながりをもちはじめたが，組織運営上の課題が顕在化した．

そこで，NPO法人暮らしづくりネットワーク北芝が，市の施設である老人憩いの家やコミュニティセンターの指定管理委託業務を受託し，活動資金を確保するとともに，若者を中心とする20数名の雇用を生み出した．

第5フェーズ（2010年〜）：活動の持続性を担保しながら，各活動を深化させる醸成期と位置づけられる．指定管理者制度のもつ不安定性を克服するために，これまでの経験をいかして，社会的居場所づくり等の事業（内閣府モデル事業のパーソナルサポートサービス事業）（注4）を受けるとともに，2011年にはまちづくり合同会社を設立し，地域にある不動産のマネジメントを試みつつある．

多様な居場所とその特徴

北芝地区では，地縁型コミュニティとしての「お宝発掘隊」とテーマ型コミュニティとしての「NPO法人暮らしづくりネットワーク北芝」が協働して，意識的な居場所づくりを行ってきた．そこでの活動がコミュニティの成長に大きく寄与している．

①コンテナを活用したチャレンジショップ

チャレンジショップで店を開くことを希望する者が，地域が主催するコンペを経て決定される．ここの特徴は，地域内外の人が，地域とのつながりをつくる上で初めの第一歩としてチャレンジしやすい場であることと，そして期間限定であることである．これまで，居酒屋や駄菓子屋，喫茶，ギャラリー，ヒーリングサロン，マッサージ店，フェアトレードショップ，アートオフィスなどがオープンした．

②コミュニティカフェNICO

コミュニティカフェNICOは，食事ができるしゃれたカフェレストランである．このカフェでは，日替わりで地域の団体が多様な活動を展開している．カフェを利用するために多くの幅広い年代の人が集まってくるので，カフェが日常的に利用される頻度は高い．その特性をいかし，カフェ営業の空き時間を利用して，カフェ起業支援講座の開催や，イベント活用，この他にも子育て親の店やおばちゃん居酒屋，子どもカフェなどが開かれている．住民からのニーズに対応したイベントや活動が行われることや，多様な活動がカフェという空間を共用して行われていることで生み出される新たな出会いや発見が，この場所の特徴であ

る．

③芝楽広場（イベント広場）

芝楽広場は，コンテナと本設の建物に囲まれた広場であり，公園に開く形状をしている．ここを利用して，月に一度の朝市，アート・音楽イベント，ビアガーデンなど，多様なイベントが開かれている．この居場所の特徴は，定期的なイベントや地域の祭りなどを通じて，地域内外の人びとが多く集まる，出会いの場となっていることである．イベント開催時には，地域内外の人びとによる屋台の出店が行われる．

④らいとぴあ21

らいとぴあ21は，北芝地区にあるコミュニティセンターであり，子どもからお年寄りまで人々の暮らしのサポートと人権文化（注5）の発信を行っている施設である．NPO法人暮らしづくりネットワーク北芝が，らいとぴあ21の指定管理を受け負い，多様な活動を行っている．ここは，内閣府のパーソナルサポートサービス事業の業務拠点でもある．このほかにも都市再生機構（UR）の大規模団地の空き店舗を転用した事業拠点「あおぞら」があるが，支援関係者らが相互につながり，連携しながら，イベントや相談，中間就労（自立支援），ボランティア活動等の支援活動をしている．

⑤南の家（コミュニティハウス）

パーソナルサポートサービス事業の一環として，地域にある民家をリフォームし，ドメスティックバイオレンス（DV）やネグレクトなどを受けた者の緊急避難の場（シェルター機能）や，地域の交流スペースなど，多様な人びとの居場所として活用されている．

これらの活動をコミュニティ形成の視点から考察すると，①地域コミュニティのニーズを把握した後に地域外の人々を巻き込む形で多様なニーズを抽出したこと，②住民をはじめ多くのアクターのニーズやウォンツを形にする「段階的なチャレンジの機会」（企画づくり・セルフビルド・試行営業，イベントへの参加，協力・支援，自力出店など）を創出していること，③事業参入へのハードルを低くしたこと（期間限定・仮設的・シェア・雰囲気づくり）で，事業の実現可能性を生みだしたこと，④居場所には，利用頻度が高く，ゆるやかなつながりを形成する「開かれた場」と，利用頻度は低いがつながりは深い「隠れ家的な場」が存

在し，各々の参画者の立場によって選択可能であること，⑤同じ空間であってもその雰囲気や意味が変容することで，さまざまなつながりを形成する場をつくりだしていること，が特徴として指摘できる．さらには，こうした多様な居場所をつなぐ仕組みとして「地域通貨」が導入されており，人びとの交流を促進している．

長年にわたる多様な取り組みを通じて，北芝地区に住む人びとの，地域への思い入れや地域資源への気づき，そして何よりも自らが他者を受け入れ，ゆるやかにつながり，人びととの関係を再構築していったところに，このまちがもつ住む力の発揮があった．そして，ここ10年ほどの間につくりだされた，地域のなかの多様な居場所が，コレクティブタウンの象徴となっている．このまちで生まれた居場所は，時とともにその役割を変化させながら，まち独自の拠点として息づきはじめ，まちの住む力をいっそう高める役割を果たしている．

6.5 不利を乗り越えて

本章で紹介した事例はいずれも，高齢化の進行やコミュニティ機能の減退化，そして地域に対する忌避意識（マイナスイメージ）といった諸問題を抱えた社会的条件不利地域であるにもかかわらず，地域内外の多様なアクターの力をいかしながら，コミュニティの住む力の育成と持続可能な地域づくりを模索しているところである．コーポラティブ住宅では敷地内に，コレクティブタウンでは地域内に，それぞれ人びとをつなぐ居場所がつくられた．そしてそのプロセスと空間が，そこに集まる多様なアクターどうしの「化学反応」を起こし，そのエネルギーをコミュニティやまちの住む力に転換していた．空間づくりにおける，人と人をつなぐための少しの工夫が，人びとの住む力を高め，ひいてはそれをまちの住む力へと高めていったのである．

本章で紹介したコーポラティブ住宅には，庶民的な生活の再構築のなかで自然発生的にうまれる温かさがある．「関係を深めすぎると長続きしない」という入居者の言葉に，地域で暮らし続けてきたコミュニティのリアリティがある．定期借地や共用部費用の分散負担，個人領域の共用化，ハンディキャップを有する世帯の包摂など，多様な所得階層や世帯特性をもつ家族が協働するプロセスには，あらゆる違いを認め合うことで生み出された共同性が存在する．

同様にコレクティブタウンにおいても，多様な人びとを包摂する取り組みのな

かに，住まい手がまちのマネジメントの担い手として成長するプロセスが埋め込まれていた．諸問題を抱えることで潜在化していた人びとの住む力を結集させ，まちの力に変えていく．それは，地域が抱える諸問題を乗り越えるなかで，地域のもつ価値を再発見・再価値化することであり，同時に持続可能な魅力的なまちへの大きな飛躍の力なのである．

最後に，本論では触れなかったが，こうしたコーポラティブ住宅やコレクティブタウンなどの協動型ハウジングの取り組みには，住民や地域によりそう「町医者」的側面と，行政や多様な主体の言語をつなぐ「翻訳家」的側面をもった専門家—コミュニティアーキテクト—が不可欠であることを付言しておく．専門家の職能や役割には，「建築」を主軸にしながらも，「建築」にとどまらない幅広い支援が求められている．
[寺川政司]

注1　コミュニティバランスとは，地域に居住する人びとの性別や年齢，所得，世帯構成などに著しい偏りのないこと．
注2　スケルトンとは，建物の柱や梁，床などの構造躯体のことを意味する．
注3　現在，鍼灸院の経営者が変わったことで，当初想定した地域福祉の拠点としての位置づけは弱くなった．
注4　内閣府のパーソナルサポートモデル事業は，生活および就労に関する問題をかかえ，本人の力だけでは自立することが難しい求職者に対して，当事者のニーズに合わせた制度横断的かつ継続的な支援を行う事業であり，2010年に閣議決定して，実施された．
注5　人権文化とは，お互いの人権を尊重することを自然に感じ，行動することが定着した社会のあり様のこと．

●参考文献
内田雄造編（2006）『まちづくりとコミュニティワーク』部落解放人権研究所
北芝まんだらくらぶ編（2011）『大阪・北芝まんだら物語』明石書店
建築思潮研究所編（2004）『建築設計資料96　コーポラティブハウス』建築資料研究社
日本建築学会編（2010）『現代集合住宅のリ・デザイン―事例で読む「ひと・時間・空間の計画」』彰国社
穂坂光彦ほか（2012）『福祉社会の開発―場の形成とアクター・アプローチ』ミネルヴァ書房

第7章
コミュニティアーキテクチュアと「住む力」

キーワード ▶コミュニティアーキテクチュア ▶コミュニティアーキテクト
　　　　　▶コミュニティデザインセンター

7.1　地域の住む力を発揮する運動

　コミュニティアーキテクチュアとは，地域生活空間で生活する住まい手たちが社会的な関係を構築して，居住環境を自律的かつ継続的に維持，管理，創造していく運動である．それは課題解決のための運動であると同時に，住まい手が住環境の維持，管理，創造の担い手として成長していくプロセスでもある．すなわち，コミュニティアーキテクチュアとは住む力を発揮する運動である．

　ニック・ウェイツとチャールズ・ネヴィットらはその著書『コミュニティアーキテクチュア』のなかで，それを建築や空間のユーザーの積極的な参加によって建築・居住環境を創造する行為およびそれによって生み出される建築・居住環境と説明している．そして，その基本原理を「コミュニティアーキテクチュアの活動は，そこに住み，働き，遊ぶ人びとが受け身の消費者として扱われるのではなく，逆に，自らが環境の創造と管理に積極的にかかわるならば，環境はよりよく機能する」と述べている．

　本章では，このコミュニティアーキテクチュアという方法が，居住者たちの住む力を活用していかに居住環境の再生に寄与できるかについて論じる．米国でのコミュニティアーキテクチュアの実践主体であるコミュニティデザインセンターの活動を事例として，地域の住む力を発揮する担い手について考え，日本におけるコミュニティアーキテクチュアの可能性と将来の展望を述べる．

7.2　コミュニティアーキテクチュアとは

　まず，本論に入る前にコミュニティアーキテクチュアという概念について，説

明を加えておこう．

コミュニティアーキテクチュアと一般的な建築づくりとは何が違うのか

　コミュニティアーキテクチュアと一般的な建築づくりとはどのように異なるのか．ユーザーの立場，建築家とユーザーとの関係，そして建築家の役割の3点において大きな違いがある．まず，ユーザーの立場であるが，建築家によって計画・設計された建築や空間を使うというユーザーとしてではなく，建築や空間の創造の担い手として位置づけられている．第二に，建築家とユーザーの関係が異なっている．計画や設計をする建築家とそれに対して要望を伝えるクライアントという関係ではなく，居住環境を創造・再生する一主体として地域住民と同等の立場で建築家も位置づけられている．第三に，建築家の役割が従来の建築家やプランナーのそれと異なっている．建築のユーザーやクライアントに対して計画や設計の案を提案するのではなく，ユーザーやクライアントが建築を創造するためのエンパワーメントや支援を行うことが役割となっている．このようにコミュニティアーキテクトとは，従来の建築家像とは異なる新しい建築家像であり，その新しい職能こそが個人や地域の住む力をより発揮した居住環境づくりに貢献できるのである．

コミュニティアーキテクチュアの担い手は何か

　コミュニティアーキテクチュアの主語は，「住まい手たち」という複数人称である．個人としての住まい手の住む力ではなく，地域の居住空間の課題解決のために住まい手たちが結集して彼らの住む力をいかして行動するのがコミュニティアーキテクチュアである．1人の人間が私的空間である自分の住まいを改善するという行為ではなく，公共空間である地域居住環境全体を対象として地域住民たちが取り組む行為がそれに該当する．

　そして，住まい手たちの住む力を最大限に発揮できるようにサポートする役割を果たすのがコミュニティアーキテクトである．

コミュニティアーキテクチュアとまちづくりは何が違うのか

　コミュニティアーキテクチュアと，日本でいうところの「まちづくり」とは何が違うのか，と疑問に思われる読者の方も多いだろう．小林（2007）は「まちづ

くりとは地域における，市民による，自律的・継続的な，環境改善運動」であると定義している．また，同じ著書のなかで西村（2007）は，まちづくりの本質を「地域に実際に住んでいる人たちが中心となって，当事者として，自分たちの住む地域にかかわる問題に関して行っている活動である」と説明している．この原理と特徴は，著者が前述したコミュニティアーキテクチュアと，ほぼ同じである．

異なっているのは，まちづくりの担い手として，コミュニティアーキテクトの役割を明確に位置づけている点であろう．コミュニティアーキテクトが住まい手たちの住む力を引き出す役割の重要性が強調されている．

7.3 コミュニティアーキテクチュアの担い手

米国におけるコミュニティアーキテクチュアの担い手たちには，居住者で構成される地域組織，コミュニティアーキテクトで構成されるコミュニティデザインセンター，そして社会的弱者を支援する非営利組織の三者がいる．ここでは，米国の非営利組織コミュニティデザインセンターを事例として，コミュニティアーキテクチュアの歴史と特徴をみていこう．

コミュニティデザインセンターの歴史的発展

米国におけるコミュニティデザインセンターの成立背景には，1960年代の公民権運動やベトナム反戦運動などの社会的な運動が深く関係している．同時期は全米中で大規模な都市再開発事業や高速道路建設が行われた．その事業の立ち退きの対象になったのは，多くが低所得者・マイノリティであり，彼らの抵抗運動を建築家やプランナーが個人的に支援するところから発展し，しだいに恒常的な組織を形成して無料・低料金で技術的支援活動を行うようになった．コミュニティデザインセンターが目指したのは，低所得者やマイノリティの居住環境を改善することと，そのプロセスへの居住者の参加機会の拡大であった．この背景には，貧困問題などの社会的な不公正を建築・都市計画の側面から改革していこうという建築家やプランナーの職能意識の変化があった．居住者の住環境改善への参加の要求運動によってそのような専門家に対する社会的要請が高まったことと，専門家自身による職能改革運動が同時並行的に進められてきたことが，その背景にある．

コミュニティデザインセンター（CDC）とは何か

　コミュニティデザインセンター（以下，CDC）は社会的弱者に対して建築的な技術的支援を行うことで，彼ら（彼女ら）の居住支援や住環境改善を行うことを使命としている．経済的に建築家を雇用できない人びと，また自らの居住環境を改善しようと行動を起こすような意欲も発想もなく，その結果として建築家とかかわることがないような人びとを対象としている．その人びととは多くが低所得者であり，彼らを居住環境改善の担い手にする運動がコミュニティデザインである．

　具体的には後に紹介するように，アフォーダブル住宅の設計および開発業務，地域の再生計画の策定，公共政策の第三者的評価などを行っている．共通するのは，コミュニティが主体的に地域環境を改善していくことを可能にするエンパワーメントを重視している点である．すべての活動が社会的弱者を対象にしたものではなく，中所得者層コミュニティの居住改善や地域再生計画づくり，民間企業のチャイルドケアセンターの設計などを行うこともある．しかし，それは収入確保のための手段である場合が多い．

　ちなみに，コミュニティアーキテクチュアという言葉は英国で誕生した言葉であり，米国ではそれと同等な概念としてコミュニティデザインという用語が用いられている．その意味は本質的にコミュニティアーキテクチュアとほぼ同等であるが，異なる点はコミュニティデザインが低所得者やマイノリティなどの社会的弱者をメインターゲットとしている点である．コミュニティデザインは「貧しい人びとのための建築」と呼ばれることもある．

日本におけるコミュニティデザインという概念と米国との違い

　日本でもコミュニティデザインという言葉を耳にする．ここで，米国の概念と日本で用いられている概念との比較をしておこう．

　日本でコミュニティデザインという言葉が使われ始めたのは，高度経済成長期に進められたニュータウン開発の時代である．近隣住区論をモデルとして，小学校を中心とした半径400〜500mの範囲，人口にして8,000〜10,000人の生活圏において近隣センターやコミュニティセンター等，地域のためのコミュニティの施設を配置することがコミュニティデザインの内容であった．雑誌「建築文化」の1976年5月号の特集は「コミュニティ・デザイン」であり，そこで森村は

「コミュニティデザインとは，一定の地理的範囲を対象としたフィジカルな対応を表象している」と定義している．

それから約40年が経過した近年，国内で発刊されて社会的な注目を集めているものに，山崎亮による「コミュニティデザイン」(2011) がある．山崎が強調するコミュニティデザインの極意とは，ハードをつくらない，人のつながりのデザインである．これに対して米国におけるコミュニティデザインは，建築や居住環境などの物理的な環境を含めたデザインである点が，山崎のいうコミュニティデザインとは異なる．地域生活空間という物理的な居住環境と社会的関係を含むコミュニティ「を」をつくるという意味と，主体としての住まい手たちであるコミュニティ「が」つくるという二つの意味がある．共通しているのは，地域の課題を解決するために地域住民がその課題解決の担い手になることと，その担い手たちを発掘し，彼らをつなげていくというプロセスを採用することである．

コミュニティデザインセンター (CDC) の型と活動原理

CDCは，2000年で全米に50ほどの組織があると報告されている．その型は大きく分けて三つに分類できる．大学を基盤として設立され，建築・都市計画学科の教員や学生が専門家として活動している「大学ベース型」．次に，建築家やプランナーなどの専従スタッフとボランティアによって行われる「非営利型」，そして，専従のスタッフをもたず，建築家やプランナーがボランティアとして登録し，活動を行う「ボランティア型」である．また，その財政は，おもに「行政からの受託業務」による収入，民間の「財団・企業・個人からの献金」，「有料サービス（営利業務）」による収入で構成されている．

CDCの活動原理は，地域住民によって組織されるコミュニティ組織や地域再生などに取り組む非営利組織の「依頼」に応じて活動を行う点である．基本的に，自らが現地に赴いて行って何かを計画したり提案したりするわけではない．とくに地域からの依頼の場合は，地域で取り組む課題に対して，1人の住民ではなく複数の住民たちがそれに取り組むための体制がある程度構築されていることが前提になっている．

7.4 居住環境改善の実践にみるコミュニティアーキテクチュア

では具体的に，コミュニティアーキテクチュアの実践主体として，米国におけ

るCDCの活動事例を見ていこう．ここでは主として，コミュニティアーキテクチュアの担い手としての住まい手たち，コミュニティアーキテクトとしてのCDC，そして住まい手たちを支援する第三者としての非営利組織，それぞれの役割に着目する．

アフォーダブル住宅開発と居住者参加

多くのCDCで共通して行われているのが，低所得者を対象としたアフォーダブル住宅の設計および開発業務である．「アフォーダブル住宅」とは，「適正な負担で住むことができる適正な住宅」である．扱う建築プロジェクトの種類は，低所得者用の住宅，チャイルドケアセンター，高齢者用の住宅，身体障がい者やHIV患者などのためのスペシャルニーズ住宅，ホームレスのためのシェルターやトランジッショナルハウジング（生活自立支援一時滞在施設），知的障がい者用の住宅，アルコール中毒患者用の住宅，などである．その対象が住宅市場から排除される社会的弱者のための住宅であることがわかる．これらの住宅開発の特徴は，計画プロセスにおける居住者参加，居住者の生活自立支援，サスティナブルデザイン，そしてアフォーダビリティの確保などである．

ポートランドのCDC（Portland Community Design, 1991年設立）は，自組織の事務所を併設した低所得者用の住宅48戸の開発を行う際に，入居予定者と計9回のワークショップを3年間もかけて，建物のデザインに関する協議を行うという，徹底した居住者参加型の建築づくりを実現している．これが高く評価され，このプロジェクトはオレゴン州知事賞を受賞している．CDCはこのワークショップの運営と居住者が自由に協議を行うための場づくりを行った．

CDCのパートナー：居住者の自立支援を助ける非営利組織

シアトルのCDC（Environmental Works, 1971年設立）は，ホームレスおよび低所得者を対象とした賃貸集合住宅を設計し，これがアフォーダブル住宅においては全米史上初のグリーンビルディング（省エネ・省資源といった建物自体の環境性能のみならず，利用する人間の健康や利便性への影響も配慮した建物，と米国環境保護局によって定義されている）の認証を受ける実績をあげている．地方自治体や民間財団や企業の献金・助成金を獲得することによって，持続可能な建築物の設計を行うための調査研究や実現可能性を評価するフィージビリティス

タディを行うことを可能にし，これらを通じてデザイン的にも環境的にも優れた住宅に社会的弱者が住まうことを実現している．生活をする住宅がないホームレス，そして住宅があっても居住環境がよくないなかで暮らしていた彼ら（彼女ら）にとって，良質な住宅に暮らすということは，彼ら（彼女ら）の住む力を再び蘇らせる影響力をもっているかもしれない．

　この住宅開発のクライアントは，地方政府の住宅局とホームレスや麻薬中毒者などを対象としたワシントン州最大の非営利組織である．この非営利組織が居住者に対する麻薬からの脱出や就業支援などの生活自立支援を住宅内で実施している（図7.1）．

　また，Environmental Worksが実施したトランジッショナルハウジング（20戸）の開発においては，地域住民を含めたデザインワークショップを開催し，低所得者が暮らすアフォーダブル住宅が地域にとっても受け入れられやすいような配慮を行っている．ここでは住宅としてのハコだけを創出するのではなく，居住者が就職活動をしたり，雇用トレーニングなどを受けることができるようにチャイルドケアセンターを併設した．このプロジェクトのクライアントは，ホープリンクという非営利組織で，低所得者やホームレスに対する食糧支援，生活支援，居住支援を行っている．ただ，住まい手であるホームレスや生活に困窮する低所得者は，この計画過程に参画していない場合も少なくなく，現状では彼ら（彼女ら）の生活支援を行っている非営利組織が間接的にその計画過程にかかわるにとどまっている．

図7.1　ホームレスおよび低所得者を対象とした賃貸集合住宅（シアトル市）

コミュニティアーキテクチュアの多様な活動

イリノイ大学内に設置されている大学ベース型の CDC（City Design Center シティデザインセンター，1995 年設立）では，シカゴ市内の歴史的な住宅を保存・継承するための計画支援や研究を行っている．シカゴ市内のノースローンデール地域には，1890 年から 1915 年にグレーンストーンを使って建設された歴史的に価値が高い住宅が 2,000 戸以上立ち並んでいる．これらの歴史的建築物を保存・継承していくための支援依頼が，シティデザインセンターに寄せられたのを機に，グレーンストーン住宅の歴史，ストックの数や状況などの現地調査などが開始された．そして，まずは 1 戸のグレーンストーンの住宅改修を行い，それを地域住民に開いてモデルハウスとして維持することで，彼ら（彼女ら）が住宅の手入れや改善などに取り組むような意識啓発や実践的な方策について提示した．加えて，より多くの居住者にストックの維持や改善に取り組むためのガイドブックの作製も行っている．これらの活動は建築学科の教員や学生たちが担っている．

このように CDC の対象は必ずしも低所得者だけを対象にしているわけではない．公共空間や公共施設の創造に加えて，個人が所有する私有財産としての住宅のデザインの継承・保存も行っている．

以上の実践において明らかなことは，コミュニティアーキテクチュアには，居住者や居住者たちの住む力をいかすためのサポーターがいれば，個人や地域の住む力をより発揮した居住環境づくりが可能になるという点である．そこには，コミュニティアーキテクトだけではなく，社会的弱者の生活支援などを行う非営利組織が CDC のパートナーになることによって，総合的に社会的弱者の居住環境の改善と居住の安定を支えているという構図が存在している．

7.5 コミュニティデザインセンターの五つの機能

前節では，CDC の活動を紹介したが，ここではそれらを踏まえ CDC がどのような機能をいかして居住環境の再生に寄与しているかについて論じる．

1) **直接的な技術的支援：サービスプロバイダーとしての CDC**

前述したように CDC の主要な機能は，アフォーダブル住宅の供給や居住環境改善のための計画づくりなどの建築・都市計画的な技術支援である．多くの活動

は，民間建築事務所が実施するものと共通しているが，異なるのは，サービスを提供する相手が地域の住まい手たちで構成されるコミュニティ組織である点である．サービスプロバイダーとしての CDC の機能は，自らの居住環境を改善したという意欲をもった住まい手たちの存在と依頼によって成立する．

2) 若いコミュニティアーキテクトを育てる：教育者としての CDC

　大学ベース型の CDC は，住まい手たちと協働しながら居住環境の改善に取り組むコミュニティアーキテクトを養成することを最大の使命としている．大学に所属する教員や学生たちが，地域の一員として地域社会のなかにある課題や居住環境の再生に対する要求をつかみ，それを地域とともに解決していこうとしている．学生たちが地域に身をおいて，実践的な活動を通してスキルを習得すると同時に，そのような活動を通して建築学科や都市計画学科のカリキュラムの編成も行っている．目の前にある社会の課題を解決する主体としてだけではなく，将来のコミュニティアーキテクチュアの担い手を育成する教育者としての機能を CDC はもっている．

3) 民間建築事務所に引き継ぐ：ブリッジとしての CDC

　本格的な住宅開発や設計に至る前の「スキマティックデザイン（Schematic Design）」という技術的支援も CDC ならではの活動である．これは詳細な寸法などを含まない初期段階におけるデザインおよび企画図面のことである．この業務は住宅や商業施設の設計のアイディアがほしい非営利のコミュニティ組織からの依頼に応じて行われる．こうした依頼は相当数あり，たとえば，1991～1999 年に Portland Community Design がスキマティックデザインを手がけた住宅戸数は 6,553 戸にも及ぶ．住宅開発を行う非営利組織がこのような技術的支援を必要とする理由は，住宅開発に必要な連邦政府住宅都市開発省からの補助金を引きつけるためであり，それには，まず簡単な図面が必要であったからである．一般に，事業化されるかわからないこのような仕事を民間建築事務所に依頼しても断られる．スキマティックデザインがあったからこそ事業化される事例が多くあり，ここに CDC による技術支援の価値がある．

4) 初動期の資金支援：ファンダーとしての CDC

ピッツバーグ市に拠点をおく CDC は 1968 年に設立された老舗のボランティア型の CDC であり，市内の建築家約 100 名がボランティアとして登録している．彼らと CDC のフルタイムスタッフがコミュニティアーキテクトの担い手である．居住環境の再生に取り組もうとしている居住者で構成される地域組織や都市再生に取り組む非営利組織などに対して，初動期における資金的な支援を行うデザインファンドという仕組みを用意している．

芸術を活用して都市を再生することを目指している非営利組織 Artists & Cities は，鉄鋼業の衰退以降に進むピッツバーグ市の人口減少と中心市街地の衰退を食い止める策として，芸術家たちを同市に呼び込むことをめざし，芸術家たちのためのアフォーダブルな住宅と活動拠点を作り出すことを構想した．CDC は建築家を選定するための面接のサポートやプロジェクトの戦略策定とマネジメント，デザインの評価などの技術的支援を行った．デザインファンドで提供された金額は 1 万ドルとそれほど大きな金額でないが，初動期における資金的支援と建築家の基本設計図面の作成などの技術的支援を組み合わせることによって，このプロジェクトは連邦政府からの補助金を引きつけることに成功し，実現に至っている（図 7.2）．

図 7.2　芸術家のためのアフォーダブル住宅と活動拠点（ピッツバーグ市）

5) 建築家と住まい手をつなぐ：ブローカーとしての CDC

前述したピッツバーグの CDC は，民間の建築家がコミュニティアーキテクト

になれる仕組みをつくり出している．普段は民間の建築事務所で普通に働く建築家たちが，その労働時間の一部を社会的に恵まれない人びとや地域のために提供し，彼らの専門性をいかした社会貢献をできる機会を創出している．建築家にとっても，結果としてこのボランタリーな活動が本格的なクライアントからの依頼につながるケースも少なくなく，そのメリットは大きい．また，非営利組織にとっては，自分自身のニーズに合ったボランティアの建築家を紹介してくれるというメリットがある．ボランティア型のCDCは，民間の建築家が一時的にコミュニティアーキテクトになって活動できる仕組みを用意し，コミュニティアーキテクトを拡大させることによって，地域住民たちが住む力を発揮した居住環境づくりをいっそう後押ししている．すなわち，ボランティア型CDCは，コミュニティアークテクトのプレーヤーどうしである住まい手たちと建築家をつなぐブローカーとしての役割を果たしている．

7.6 わが国におけるコミュニティアーキテクチュアの展望

わが国におけるコミュニティアーキテクト論

　近年，日本でも「コミュニティアーキテクト」をテーマにした議論・研究が活発になっている．日本建築学会では2009年から特別研究委員会「サスティナブルエリアデザインとコミュニティアーキテクト」という研究グループを組織して，コミュニティアーキテクトの役割について議論を行ってきた．同委員会は，コミュニティアーキテクトを「地域継承空間システムを尊重する都市・地域空間形成計画手法の再構築」という目標達成の担い手として位置づけている．また同委員会の主査を務め，「地域主権のデザインとコミュニティアーキテクト」を著した宇杉は，「コミュニティアーキテクトとは地域継承空間システムを尊重して，その場所にあった混成・創生・複合・調和・再編・再生をはかる地域建築家である」，と説明している．

　日本建築士会連合会では2011年に会員向けの会報において3回にわたり，コミュニティアーキテクトをテーマにした特集が組まれている．同連合会のなかで位置づけられているコミュニティアーキテクト像とは，同連合会の現会長藤本昌也の言葉によれば，地域に根差した建築家であり，地域の自然，歴史，生活総体に応答する人間である．地域コミュニティのまちづくりの主役は，地域住民であるが，生活再編や空間再編を含めた総合的なまちづくりを実現していくために

は，その集約を的確にサポートする専門家が必要不可欠であると説明している．

このようにわが国で議論されるようになったコミュニティアーキテクト像は，米国で1960年代後半から発展してきたその専門家像と理念の上では同じである．しかし，次に述べるように，日本においてコミュニティアーキテクトによる実践と現実に目を向けると米国のそれとは少々異なっている．

コミュニティアーキテクトの成立基盤であるクライアントの組織化

日本と米国のコミュニティアーキテクトの実践と現実においては，何が異なるのか．

第一に，米国ではコミュニティアーキテクトの「クライアント」であり，まちづくりの主役でもある地域住民たちが組織化されていることである．まちづくりのための目標や要求が地域住民たちの間で共有されていて，地域住民たちがコミュニティアーキテクトのクライアントとして組織化されている．考えてみると当たり前のことであるが，クライアントがそこに存在していることがコミュニティアーキテクトの成立基盤となっている．

第二に，米国ではコミュニティアーキテクトという職能が社会的に認知され，彼（彼女）らの活動には対価が支払われている．クライアントという言葉を使うからには，その間に金銭の授受があるのが普通である．プロジェクトに対して地域住民たちからの寄付を集める場合や，地方自治体や民間財団などからの補助金や献金を獲得するなどその資源はさまざまである．わが国においても地域主体のまちづくりを支援するために地方自治体の費用で専門家を派遣する制度はいくつかあるが，専門家が自治体から資金を得ており，雇用関係は建築家と行政の間にあるがゆえに，地域の意向に応じた計画支援が行えないケースも少なくない．地域住民たちがコミュニティアーキテクトを雇用することによって，地域全体の利益を最大限に保全するまちづくりを実現することが可能になる．

コミュニティをフィールドにして活動する建築家はコミュニティアーキテクトか

地域住民たちがコミュニティセンターをつくりたい，地域の財産である歴史的な建築物を守りたい，という要求を実現するために，その手助けをするのがコミュニティアーキテクトである．では，地域コミュニティをフィールドとして，地域住民たちを相手にして活動する建築家はコミュニティアーキテクトなのだろう

か．

　いやそうではない．真の意味でのコミュニティアーキテクトとは，まちづくりの主要な担い手である地域住民たちが描いたまちづくりの目標を実現するために必要な技術的なサポートを，地域住民自身の依頼によって，それを提供する専門家である，と筆者は考える．地域住民たちがまちづくりの主人公となれるように，彼らの住む力の発揮をサポートするのがコミュニティアーキテクトである．広原（2011）の言葉を借りるならば，「コミュニティ・サポーティッド・アーキテクト」としての実践活動を行う専門家がコミュニティアーキテクトである．

わが国におけるコミュニティアーキテクチュアへの現代的要請

　コミュニティアーキテクチュアに対する現代的要請はそれが誕生した時以上に高まりを見せている．それは一例を挙げれば，持続可能な都市や居住環境の再生が求められていることに現れている．第8章で論じられている計画的住宅地を開発したのは，地方自治体の企業局や民間住宅メーカーやディベロッパーであった．しかし，計画，開発された住宅地や都市をマネジメントしていく主体が不在であったことが居住地の衰退の原因の一つである．持続可能性とは次世代に継承すべき価値を有していて初めて論じることができる要素であり，何を継承すべきかについて決定する主体はそこで暮らしている居住者である．しかし，これは，定住性の高い住宅地で居住者がずっとその住宅地に住み続けなければそれが実現されないといっているわけではない．重要なことは，住宅地で守るべき住環境の価値を住まい手たちが認識し，それを将来にわたって保全することである．そのためには，地区計画や建築協定などのルール化を進めていくことも必要とされるだろう．そうした住まい手たちの実践によって実現される質の高い住宅地に，新たな居住者をひきつけることで，その質を次世代へと継承し続けていくことが可能になる．地域らしい建築の特徴や街並みなどの継承したい要素を認識し，責任をもって守っていくための行動を起こすことができる主体は住まい手たちであり，それを実現するルールづくりやその運営方法などを検討していく上で期待されるのがコミュニティアーキテクトである．

[近藤民代]

●参考文献

宇杉和夫（2012）『地域主権のデザインとコミュニティアーキテクト』古今書院
海道清信（2007）『コンパクトシティの計画とデザイン』学芸出版社
小林郁雄（2007）「まちづくりのマネージメント」西村幸夫編『まちづくり学』朝倉書店
近藤民代（2010）「米国のコミュニティアーキテクトの活動の特質と枠組み」日本のサステイナブルエリアデザインとコミュニティアーキテクト，日本建築学会特別研究委員会 PD 報告書，103-106
近藤民代（2012）「コミュニティアーキテクトが流行っている」建築士（日本建築士会連合会会報誌），2012 年 7 月号
近藤民代（2012）「コミュニティアーキテクトへの社会的要請」建築士（日本建築士会連合会会報誌），2012 年 8 月号
広原盛明（2011）「地域コミュニティにおける社会空間像—コミュニティ・オリエンテッドからコミュニティ・ベースドへ」建築士（日本建築士会連合会会報誌），2011 年 3 月号，11-15
布野修司（2000）『裸の建築課—タウンアーキテクト論序説』建築資料研究社
森村道美他（1976）「特集コミュニティ・デザイン」建築文化，5，vol.31，no.355
渡辺民代・塩崎賢明（2001）「アメリカのコミュニティ・デザイン・センターに関する研究—歴史的発展過程と組織状況」日本建築学会計画系論文集，541 号，139-146
渡辺民代・塩崎賢明（2002）「コミュニティ・デザイン・センターの組織構造と活動実態—非営利型とボランティア型の場合」日本建築学会計画系論文集，556 号，219-226
Wates, Nick and Charles Knevitt（1987）Community Architecture: How People Are Creating Their Own Environment, Penguin Books. ニック・ウェイツ，チャールズ・ネヴィット（塩崎賢明訳）（1992）『コミュニティアーキテクチュア—居住環境の静かな革命』都市文化社
近藤や渡辺による論文や報告は http://www.tamiyokondo-lab.jp/achievement.html からダウンロード可能

第8章
郊外住宅地の行方と「住む力」

キーワード ▶郊外住宅地 ▶ニュータウン ▶帰属意識 ▶普遍的価値

8.1 郊外住宅地の発展を牽引してきたもの

1902年にE・ハワードが『明日の田園都市』を著してから,およそ110年が経過した.この間,英国レッチワースの建設を端緒に,田園都市は郊外住宅地としてさまざまに具現化し,発展を遂げてきた.わが国においては,高度経済成長期の人口増加と都市集中,それにともなう巨大な住宅需要圧力のなか,住宅地は大都市の外縁へ拡大し,そのダイナミクスは中小の地方都市にも飛び火した.

拡大の背景には,第一に政策的な判断がある.住宅政策の3本柱のうち,住宅金融公庫法(1950年),日本住宅公団法(1955年)の二つは郊外住宅地形成の素地を築いた.大企業はこぞって住宅取得貸付制度を導入し,それは持ち家取得という従業員にとっての大きなモチベーションを形成した.1963年には新住宅市街地開発法が公布・施行され,計画的な郊外住宅地開発の制度が整えられた.

第二に,それらと連動した社会・経済的な動向がある.都市化の進展は,公害をはじめとする深刻な都市問題を生み出した.郊外住宅地は,そうした都市問題から居住の場を隔離し,清潔で新しい環境を提供した.ホワイトカラー率の増加によって,職住分離が暮らしの一つの典型となり,生活拠点と就業の場が地理的に接近している必要は減少した.さらには,三浦(1999)がいうように,米国型郊外のライフスタイルへの意識的／無意識的な憧憬もあっただろう.自動車や家電が普及し,住まいは家族や暮らしを演出する場としても機能した.

このようにして,「住宅双六」(第4章の注1を参照)の「あがり」としての郊外一戸建て持ち家需要は膨張し,その受け皿として,広大な住宅地が形成されてきた.現在,郊外住宅地(ニュータウン)の総数は2,010地区を数え,面積にし

て 19.1 万 ha を占めている（国土交通省 2011）．

ところが，1990 年代後半のポスト・バブル期以降，郊外批判の言説が目立ち始める．さらに 2000 年代に入り，わが国が人口減少期を迎えると，都市計画のパラダイムはもはや「成熟」や「持続可能性」を飛び越え，「撤退」や「縮退」へとシフトする．郊外住宅地は，その主たる検討対象となっている．

8.2 郊外住宅地形成の経緯

わが国における郊外住宅地は，まず富裕層が明治時代末頃に御影や芦屋などの阪神間で開発・居住した住宅地から始まり，その後，首都圏や近畿圏を中心とした鉄道会社の沿線開発などによってその数を増やしてきた．今日では，戦前に開発された郊外住宅地のほとんどは高級住宅地などの形で既成市街地の一部となっている．

第二次大戦後は，農山漁村から都市部への人口移動や三大都市圏への人口集中，都市部における住宅地不足とそれにともなうスプロールが深刻化する．こうした問題を解消するため，各地で郊外住宅地開発が進められていくことになる．1950 年代後半には，日本住宅公団による香里団地（大阪府）や八千代台団地（千葉県）などの大規模な住宅団地の建設が始まる．そして，1960 年代には千里ニュータウン（大阪府）や高蔵寺ニュータウン（愛知県）を嚆矢として，多摩ニュータウン（東京都）など，計画人口 10 万人規模の巨大な開発が進められていくことになる．郊外住宅地の建設は三大都市圏だけでなく，地方都市圏でも進められ，さらには新産業都市など工業都市建設に付随する形で，労働者のための住宅地も数多く建設された．

高度経済成長以降も三大都市圏への人口流入は続いた．「住宅双六」の「あがり」に対する需要は大きく，したがってその開発も留まることなく進められた．とくに，バブル期には地価の大幅な上昇により住宅価格が高騰した結果，大都市圏においては「超郊外」とよばれるような，都心部までの通勤・通学に 2 時間以上を要するエリアにも多くの住宅地が形成されていく．

ところが，バブル崩壊後は全国的な地価の下落，人口伸び率の停滞のもと，都心回帰の流れが本格化する．その結果，大量の空き地・空き家が発生した．たとえば，筆者の 2004 年の京阪神地域における調査では，都市圏の中心地まで公共交通等を利用して 40 分以上かかる場所に開発された 1 ha 以上の郊外住宅地が

294カ所存在していた．これらの住宅地のうち空き地・空き家率が10％を超えるものが89カ所，50％を超える住宅地も15カ所存在していた．

なお，今日では，郊外住宅地の開発は，つくばエクスプレス沿線など一部の例外を除き，低調な状況にある．

8.3 均質性がもたらした諸問題

郊外住宅地の問題は，人口減少期以前からすでに指摘されていた．大量の住宅戸数を擁する大規模な開発はさまざまな均質性をまとう．立地は就業形態や通勤圏を絞り込み，地価を反映した住宅価格は世帯収入のランクを絞り込み，住宅規模は家族構成を絞り込み，周辺環境や施設配置はライフスタイルを絞り込む．結果として，類似した所得・年齢階層の世帯が集中する．

世代間バランスの偏りは，短期的には，保育や教育など社会サービスに対するニーズの時期的な集中という問題を生んだ．長期的には，若年層の一斉流出と高齢化がもたらされた．人口構成の高齢層への偏りは，地区内のさまざまなアクティビティや購買力の低下につながり，近隣センターなどの商業施設をはじめとした公共公益施設の空洞化を引き起こした．空洞化は別の要因によっても加速された．1960年代から1970年代に開発された住宅地の近隣センターは，商店街形式で設置されることが多く，その後のスーパーマーケットやコンビニエンスストアの台頭など商業環境の変化に対応できず，「シャッター通り」と化してしまった例も少なくない．

交通サービスが縮小・撤退する場合もある．鉄道路線から離れた立地にある住宅地においては，開発にあわせてバス路線が開設されることがある（図8.1）．しかしながら，こうした事例はいずれも計画人口が数千人単位以上の大規模な開発に限定されており，中小規模の郊外住宅地の場合には，最初から公共交通利用を想定していないものも多い．また，地方都市圏などではバス路線の廃止や減便などが相ついでいるが，郊外住宅地においても同様の事態が発生している．地区内の公共公益施設が撤退し，さらに地区外とのアクセスを支える交通サービスまで撤退してしまうと，車を利用できない人びとの日常生活はきわめて困難になる．それは居住者の流出をさらに推し進めた．

他方，この間の全国的な出生率の低下や人口の都市集中の収束により，郊外への新たな居住者の流入をみることはあまりなかった．住宅の空き家化・空き地化

図 8.1　買い物・通院の手段となるバス

が深刻化し，人口減少社会の到来は，それらの傾向に拍車をかけた．

8.4　限界と持続を分かつもの

　人口減少のトレンドは全国一律ではない．だが農村部はいうまでもなく，都市部においても首都圏を除き，減少傾向を示し始めている．いかに都市を畳むのか，限界集落化にどう対処するのか．成長から縮退へ，持続から撤退へ，どのようなシナリオを描くべきかがさまざまに議論されている．郊外住宅地は，限界集落とともにその議論の中核にある．

　限界集落と郊外住宅地の様相は一見まるで異なるが，しかし，いくつかの共通点がある．若年層の流出によるエンプティネスト化（子世代が独立世帯を形成し，親世代のみが住宅に残ること）と高齢化，買い物や通院等の日常生活行動の車依存，こうした状況は両者に共通している．人口総数や地理的・地形的条件，建築環境的特質といった面では大きく乖離しながらも，両者はともに，いずれ車利用が困難になる高齢世帯が大多数であり，次代を担う世代は少ない．

　こうした状況のなか，限界集落については，林ら（2010）が「積極的な撤退」という戦略を打ち出す一方，山下（2012）は集落の持続可能性を支持する．山下によれば，「高齢化の進行によって集落が消滅した例はまだひとつもない」．集落と郊外住宅地の決定的な差異は，先に述べたような人口総数や地理的・地形的条件，建築環境的特質だけでなく，あるいはそれら以上に，居住地に対する帰属意識や人間関係を維持するコミュニティ意識の強弱にある．多くの集落は代々住み継がれてきた歴史をもち，そのプロセスを通して，人と人，人と土地との信頼関

係が醸成され，それが帰属意識やコミュニティ意識を育んできた．限界といわれてきた集落が，それでもなお持続可能であるとすれば，それを下支えしているのは集落に対する帰属意識であり，そこに住まう人びとのあいだのコミュニティ意識である．加えて，豊かな自然や農地とともにある集落の価値というものに対する社会的な共通認識がある．その存在もまた，間接的ではあれ集落の持続性を支えているといえよう．

他方，郊外住宅地についてはどうだろうか．藤井（2013）は実証データに基づき，「住み継がれる」住宅地と「捨てられる」住宅地の峻別を試みている．とりわけ，人口が減少しており，かつ世代間バランスが大きく崩れている住宅地については「捨てられる」可能性が高いという．その傾向が顕著なのは，「高度経済成長期に開発された戸建ニュータウンで，とくに利便性が低い地区」であり，「その地区が『単機能』であればあるほど，そしてまた『多様性』が低ければ低いほど，地区レベルでの世代交代が困難となる」．いいかえれば，そうでない郊外住宅地は十分に住み継がれる可能性がある．ただ問題は，何も手を打たない限り，「捨てられる」郊外住宅地の発生はほぼ不可避だという点である（図8.2）．

かつて，大量の人口を受け入れてきた郊外住宅地から，じわじわと，あるいは急激に人口が流出し，やがて住宅地そのものが「捨てられる」．このシナリオは何を意味しているのか．若林（2007）がいうように，郊外とは「都市に付属した場所」であり，郊外化は「郊外に内発的な過程ではない」．郊外住宅地とは，都市部からあふれた人口を受け入れ，ふたたび送り出すといった，わが国全体の人

図8.2　管理されていない空き家

口変動の軋みを調整する緩衝帯（バッファー）であったといえる．そして，その役割はおおむね果たされた．つまりある種の郊外は，当初から「捨てられる」ものとして計画され，建設されてきたという見立てもできるだろう．だがもちろん，この見立ては少なくとも部分的には棄却されなければならない．

　なぜなら，いうまでもなく郊外住宅地にも固有の歴史がある．「田園都市」の構想から100余年，わが国初の大規模郊外住宅地である千里ニュータウンの建設から50年，その間，人が暮らし，日々の生活を営み，さまざまな社会的諸関係を取り結んできた．他の自然発生的な集落や既成市街地の歴史とは比べるべくもないが，そこに生活の営為がある以上，郊外はしばしば揶揄されるような無機質で渇いた空間ではなく，まして単なる都市計画上のバッファーであろうはずはない．限界集落が，帰属意識やコミュニティ意識によって持続性を担保してきたように，郊外もまた帰属意識に支えられた「故郷」としてのあり方が問われている．

8.5　郊外批判への批判

　郊外の問題はしばしば「病理」や「死」という言葉で形容されてきた．一方，同じく住環境上の問題をもつ密集市街地，中心市街地，限界集落などに対して，そのような形容がなされることはほとんどない．ここにはおそらく，郊外住宅地とその居住者に対する誤解ないし決めつけがあるように思われる．すなわち郊外の居住者は，どれだけそこに暮らしていようとも，その場所に根差すことはなく，互いのコミュニティ意識を育むこともなく，ここが故郷であるという帰属意識をもちえることはない——，このような誤解や決めつけが「病理」や「死」という表現を誘発してきたのだと考えられる．もっとも，このような郊外批判に対しては，次の二つの点から修正を迫る必要がある．

　第一に，「病理」ないし「死」といった評価は，若林（2007）が指摘するように「『より選べる者』からの無神経な批判」という一面をもっている．郊外の居住者のうち，多くの選択肢の中から今の住宅（地）を選んだという割合は決して高くはないだろう．通勤や通学，買い物などの利便性や快適性や安全性と支払能力を突き合わせ，優先順位づけと妥協の繰り返しのなかで自ずと選択肢は限られ，限られたなかから「やむなく選ばされている」．これが多くのケースであるにちがいない．実質的に選択肢が開かれていない人びとの居住地に対する批判と

して，それらが適切でないのは明らかである．

　第二に，帰属意識やコミュニティ意識の不在という前提への疑義がある．いくつかの郊外住宅地ではすでに，深い帰属意識に裏打ちされた取り組みが開始されている．たとえば，三浦（1999）が「空疎」，「監獄」といったネガティブな言葉でもって厳しい評価を下した神戸の須磨ニュータウンもその一つである．1997年の小学生連続児童殺傷事件の現場となった同ニュータウン内の「北須磨団地」では，事件以降，地域の治安維持を警察に頼りきるのではなく，自ら資金を集め，「防災・防犯センター」を設置している．さらには，幼保一元化の実施や住民による喫茶店「シャベリーナ」の運営，登録制の共助システム「おたがいさまねっと」の構築など，コミュニティを主体とした事業が多様に展開されている．人口6,000人の団地の夏祭りに，2日間でのべ6,000人が集う．高齢化は進んでいるが，住民総数は減ってはいない．

　また筆者がまちづくりのプランナーとして支援している神戸市高尾台団地でも，住民アンケートによれば，ほとんどの居住者が今の住まいを終の棲家と捉えている．何よりアンケートの回収率が9割を超えるというところに，コミュニティ内の信頼関係をみることができる．高尾台団地は，市を事業主体とする市内最初期の開発団地であり，1960年代後半から入居が始まっている（図8.3）．高齢化率はすでに4割を超えている．およそ250世帯が暮らすが児童の数は1桁にすぎない．団地内に公共公益施設はなく，1～2時間に1本の市バスが駅や病院とのアクセスを支えている．最寄りのバス停から遠いエリアから順次，空き家が現

図 8.3　神戸市高尾台団地の全景

図 8.4 高尾台団地アプローチの花壇　　**図 8.5** 住民持ちよりの図書が並んだバス停

れ始めている．

だが現場には，そんな状況とはほど遠い風景がある．団地までのアプローチには美しい花壇がつくられ，手づくりのネームプレートには草花についての丁寧な説明書きがある（図 8.4）．その近くには「ようこそ高尾台へ」という手書きの看板がかけられている．団地のエントランスにあるバス停には簡易な書棚とベンチが設置され，住民持ち寄りの図書が並んでいる（図 8.5）．掲示板にはペットの紹介記事が貼られ，三叉路には小学生が描いた「飛び出し注意」の標識が立っている．公園は自主的に管理され，植栽にはやはり丁寧な説明書きが添えられている．また，この団地には，周辺部や法面に分布する，見かけ上誰の所有地ともつかない緑地が花壇や菜園として使われている．法的には問題があるのかもしれない．だがそれは，下町の路地がそうであるように，「良識ある占有」によって確実に住民の帰属意識をかたちづくっている．

8.6　帰属意識の共有をめざして

郊外住宅地の住む力とはなにか．それは住民自らの地域への帰属意識を基礎とし，その意識を多様な主体間で共有していくプロセスである．住む力は，帰属意識なしには立ち現れてこない．個々の帰属意識だけでは，住む力を発揮することは困難である．帰属意識が共有されたとき，地域の持続可能性はひらかれる．

高尾台団地では，防犯パトロールや通学の見守り，団地内の公園をフィールドにした子どもたちのキャンプ体験など，次世代を見据えた交流事業が次々に発案され，近郊の大学生とも連携しながら実践に移されている．事業をおもに担って

いるのは60代で，幼少の頃に高尾台団地に転居してきたという第2世代である．

集会所では，毎月「茶話会」が開かれている．それは何気ないお喋りの場である．だがあるときはパソコン教室になる．外部から講師を招くといった，いわゆる教室ではない．茶話会に来ている70代の女性が別の70代の男性に教える，そのような光景である．初歩的な内容ばかりではなく，相当に高度なやりとりもある．

帰属意識をもつ主体となりえるのは，地区内の居住者に限定されない．藤井（2013）は，今は居住していない子世代などとのかかわりに着目する．「統計上はニュータウンに居住していなくとも，頻繁にニュータウンを訪れ，かなりの時間を過ごしている『郊外第2世代』の存在は無視できない」．実際，高尾台団地では「週末に孫が遊びに来たときのために」といった高齢者の声を聞く．そういった地区外に暮らす子世代が，親世代のいる地区を生活圏の一部とし，さらには部分的な帰属意識を保有し，そして他の世帯とのかかわりをももつようになれば，その地区の住む力はまちがいなく向上するだろう．住む力の向上は，「捨てられる」郊外住宅地としての諸条件をつぶしながら，持続可能性をより確かなものにするだろう．郊外住宅地が今後も住み継がれていくためには，ひとつにはこうした各主体の帰属意識が不可欠である．それはいかにして発現し，そしてどのように共有されるのかが問われる．

いまひとつは，未来に向けて残していきたい郊外住宅地とはどのようなものか，という普遍的な価値づけが必要であるように思われる．先にも触れたように，農山漁村などの集落空間は，その集落にかかわる主体だけでなく，より幅広い人びとにとっての（場合によっては，まったく訪れたこともない人びとにとっての）価値を獲得している．そしてその価値は，将来にわたって維持されるべきであるという社会的な共通認識がある．集落の持続可能性を根底の部分で支えているのは，そのような価値と認識である．郊外住宅地もまた，まったく同様にとはいえなくとも，残していくべき価値を発見し，育んでいく必要がある．捨てられる住宅地を選別し，縮退や撤退の道筋を描く前に，住み継がれる郊外住宅地のありうべき価値とはなにかという問いに向き合い，その価値を多くの人びとのあいだで共有していく作業がまず必要なのではないだろうか．縮退や撤退を論じるのは，それからでも遅くはない．

[田中正人・小川知弘]

●参考文献

小川知弘・塩崎賢明（2004）「京阪神地域における遠郊外住宅地の動向に関する研究」日本建築学会学術講演梗概集，F-1（2004），9-12

小川知弘・塩崎賢明（2008）「戦後の大規模郊外住宅地開発と新住宅市街地開発事業の特質に関する研究」日本建築学会計画系論文集，623号，131-136

国土交通省（2011）「全国のニュータウンリスト」（2012/8/12 www.mlit.go.jp より取得）

日本建築学会建築社会システムのあり方特別研究委員会（2011）「計画的住宅地は持続可能か？」2011年度日本建築学会大会（関東）研究協議会資料

林　直樹ほか（2010）『撤退の農村計画―過疎地域からはじめる戦略的再編』学芸出版社

藤井多希子（2013）「住み継がれる住宅地，捨てられる住宅地」住宅，699，14-21

三浦　展（1999）『「家族」と「幸福」の戦後史―郊外の夢と現実』講談社現代新書

山下祐介（2012）『限界集落の真実―過疎の村は消えるか？』ちくま新書

山本　茂（2009）『ニュータウン再生―住環境マネジメントの課題と展望』学芸出版社

若林幹夫（2007）『郊外の社会学―現代を生きる形』ちくま新書

第9章
木造密集市街地の整備と「住む力」

キーワード　▶木造密集市街地　▶木賃住宅　▶共同建替え
　　　　　　▶プラットフォーム　▶地区計画

9.1　木造密集市街地とは

　社会環境や経済環境の変化により，まちの公共空間や建物構造が影響を受け，都市空間にも大きな変化を求められるにもかかわらず，現実はその変化に追随できずにいる．

　その典型的な例のひとつが，本章で取り上げる都市部の木造密集市街地である．木造密集市街地は，初期のものは昭和初期頃に形成されはじめ，その後戦後の高度経済成長期にかけて，農山村から都市への人口流入にともなって拡大した．もともと道路や公園など都市基盤施設がないところに，文化住宅や長屋の形態の木造賃貸住宅（木賃住宅）が，大量かつ無秩序に建設されたために，最低限の都市計画基準さえも満たさないまちとなってしまった．

　このような問題を抱える木造密集市街地は，その居住性の観点からも，また防災の観点からも，緊急に整備・更新が進められるべき地域として，国や地方自治体の政策的重要課題とされている．しかし，借家人・家主双方の高齢化・低所得化や権利関係の問題，整備事業制度の問題など，解決せねばならない多くの課題が山積しており，政策目標はほとんど達成されていない．木造密集市街地は，いまだまちとして全体的な改善の方向を見いだせないまま取り残されている．

　このようなまちで不幸にも発生した火災で死者が出た．この火災は，後述するが，木造密集市街地が抱える，従来あまり目が向けられてこなかった問題を明らかにした．それは，本書のテーマである居住者やコミュニティの住む力と大きくかかわる問題である．

　本章では，この火災を木造密集市街地整備の遅れに対する警鐘と捉え，火災か

ら見えてくる諸問題を整理したうえで，とくに木賃住宅の建替えに焦点をあてて，木造密集市街地整備の促進方策を検討する．また，その検討を踏まえ，住む力とは何かを考察する．

9.2 文化住宅火災から見えてくる問題

深夜，大都市近郊の文化住宅「H文化」を全焼する火事があり，2階の女性と1階の男性が遺体で見つかった．いずれも高齢者であった．火元とみられる部屋に住む無職A容疑者（66歳）に警察官が話を聞いたところ，「目を覚ますとストーブから炎が上がっていて怖くなり逃げた」と供述した．消火活動をせず，119番通報もしなかったことから，重過失失火でなく量刑の重い「不作為による放火」の罪で逮捕された．

亡くなった高齢居住者の直接的な死因を，警察署は失火当事者による「不作為による放火」と判断しているが，その遠因としては次のようないくつかの要素が浮かびあがる．

第一に，当該文化住宅の居住者には，他に行き場のない単身高齢者で要介護度の高い者が多かったことである．そのため，隣近所の日常的なつきあいが成立し

表 9.1 火災の状況

火災発生時期：2006年2月11日（土）午前2：45頃
場所：鉄道駅から250mの木造住宅が並ぶ一角
物件内容：木造2階建て延べ600 m²
居住世帯：16世帯18人居住，大半が一人暮らしの70歳代以上
被害内容：死者2人（2Fの無職83歳女性，1Fの無職71歳男性で車椅子生活）

図 9.1 翌日の火災現場

づらいうえ，防災訓練や避難訓練等が行われることもなく，防災意識も十分でなかったことが推察される．また，当該文化住宅が立地する地域は，単身高齢者が多く居住している．そこはいわゆる助ける側の者ではなく，助けられる側の者の集住地であり，他人のことまで構っていられない風潮があったのではないだろうか．ひいては，こうした文化住宅での居住を余儀なくされている，声を出さない，また出せない弱者に対して，私たちが目を向けてこなかったことにも問題があったのではないだろうか．

　第二に，当該文化住宅の家主の責任である．家主は，本来人の命を守るべき住宅が，人の命を奪う「凶器」にもなることを意識せず，その「凶器」の所有者である認識を欠いていた．当該住宅は隣棟・隣戸間の界壁が燃えやすい構造のまま放置され，使用され続けていた．安全性の向上が図られず，使用し続けていたことに対する家主の責任が問われるところである．またこの点とかかわって指摘しておくべきは，建築物の耐火・耐震，消防に関する法律とその適用に関する問題である．法律や規準が厳格化されても，遡及適用はできず，結果としてその対応は家主の投資的効果に基づく判断のみに委ねられ，法律改正が災害危険性回避の改修につながらないのが実情である．

　第三には，文化住宅の場合，他人へ転売されることがなく，流通市場にはほとんど登場しない点である．通常，住宅の所有に対して課税される固定資産税・都市計画税が，文化住宅の場合は小規模宅地扱いとなり低額に抑えられているため，その所有自体には費用がそれほどかからない．そのため，かりにその資産運用がうまくいっていないとしても，なかなか転売とならず，売買により生じる改修や建替えにもつながらない．こうした状況が，上述したような既存不適格の建物の延命を助長し，建物のみならず地区全体の安全性や快適性を置き去りにするのである．

　第四には，当該文化住宅の南側に隣接する中学校のプールの水が，地域住民による初期消火に利用できなかったことである．これは学校の敷地境界に不法侵入を防ぐコンクリートブロック塀と有刺鉄線がはりめぐらされていたからである．また，市の消防署も，学校敷地開放の判断が遅れたために消防活動でそれを利用できなかった．このことは，地域コミュニティのありようともかかわる点であり，緊急事態への対応や地域施設の利用や管理についての合意（コンセンサス）が地域内で十分に形成されていないことを意味している．

以上は，都市近郊の木造密集市街地で起きた不幸な火災例にみる問題であるが，更新や整備が進んでいない木造密集市街地一般に広く共通する問題でもある．

9.3 木造密集市街地の構造的矛盾

そもそも，木造密集市街地とはどのように形成されてきたのだろうか．木造密集市街地の成り立ちは，表9.2のように整理される．

木造密集市街地の問題は端的にいえば，都市基盤が未整備なことと，その上に低質で老朽化した木賃住宅が大量に密集して建っていることであり，居住者がつねに危険と隣り合わせで居住していることである．このように危険な地域であるにもかかわらず，なぜ木造密集市街地の更新は進まないのだろうか．

木造密集市街地の整備は，1974年の住宅地区更新事業や，1978年の住環境整備モデル事業，そして1995年の密集住宅市街地整備促進事業などのもとで，政策的な取り組みが進められてきた．しかし，どのような場合も，実際に整備を進

表9.2 木造密集市街地の成り立ち

時期	立 地		現 状
戦 前 (1920頃 ～1945)	都市部	・工業用地周辺 　(港湾・河口部周辺) ・長屋 ・震災被災地	・一部は土地区画整理事業，都市計画道路等により整備，他は個別建替えによりほとんど消滅．
	農村部	・開拓地 ・旧集落 ・漁村	・一部は崩壊，一部は密集事業等により整備．ただし，漁村の多くは現存．
終戦直後 (1945～ 1955頃)	都市部	・戦災被災地 ・大規模施設 　(河川敷，公園道路，公共施設用地)	・戦災復興区画整理事業等により多くは消滅，または高度経済成長前期の大都市内部密集地へ引き継がれる．
	農村部	・新開拓地 ・炭鉱周辺	・一部は崩壊，一部は密集事業等により整備．
高度成長 前期 (1955～ 1970頃)	都市部	・大都市内部 　(地方から大量移住→交通機関が未発達，借家，間借り) ・都市周辺 　農地のスプロール開発 　文化住宅，木造アパート	・一部は都市計画道路事業等により整備，建替え．一部は個別建替え（さらに細分化），一部は現存（建替えの時期にきている）．

めるうえでは，土地建物の所有者と，事業に対する居住者の合意が必要となる．法制度や事業手法が整っていても，整備事業の具体的な計画内容とともに，利害関係者を納得させるだけの金銭面での事業条件が揃っていないと，実際の事業はまったく進捗しない．

では，土地建物の所有者や居住者が，事業に合意できない（しない）のはなぜだろうか．その理由を，木賃住宅の家主側の事情と，借家人側の事情とに分けて説明する．

根本的な理由のひとつは，個々の建物所有者である家主にとって，新たに投資するメリットがないことであろう．家主の多くは，高度成長期に住宅経営を本格的に開始しており，現在では元手資金を回収した資産保有者であるため，建替えによってよほど大きな利益が見込めない限り，積極的に建替えを行うインセンティブをもたない．建替えのためにわざわざ費用をかけ，借家人を退出させるよりも，借家権の自然消滅を待つ方が有利である．老朽化した木賃住宅では，借家人がいない建物を解体して更地処分するほうが建物付で売却するより高く売却できるため，リスクが少なく有利な資産活用策と考えられる．そのため，木賃住宅はかりに十分な収益をあげる運用がなされていなくとも，家主はそれを手放すことは少なく，したがって流通市場に登場しない．このことが，所有者変更にともなう建替えのチャンスを減じているともいえる．

また，家主が所有する建物の一つを建替えしても，地区全体としては依然災害リスクが高いままであることも，投資の妨げとなっている．

二つ目の理由は，家主の多くが高齢化していることや，多くが地区外在住であるため，所有する木賃住宅の改良や建替えを，まちづくり全体の問題として考え，対応しないことである．家主が高齢であり，賃貸住宅経営からそれなりの収益が見込めないのであれば，「自分一代で終わり」となりがちで，これまで以上に建替えが進まない事態が想定される．地区外在住の家主の場合は，地域全体のまちづくりより自己資産の保全と建替え事業にかかるリスクを回避する傾向が強い．

第三の理由は借家人側の事情であるが，木造密集市街地は高齢者の集住が顕著であること，またこれに加えて，過去の関係者との連絡を遮断したい者や，住民登録を望まない不法滞在外国人なども居住しているため，借家人側からは家主に対する建替えを要求しにくい点である．というよりも，要求すれば，立ち退きや

家賃上昇など自らの首を絞めることにもなりかねないし，なによりそうしたことを求める余力が借家人にないというのが実情であろう．高齢者にとって，必ず訪れるであろう老いへの備え，すなわち貯蓄のほうが，住宅の居住性や安全性にお金をかけることよりも優先される傾向が強く，こうしたことで，借家人側は建替えに対して消極的になっている．

　建替えが進まなければ，新しい居住者が流入する機会は必然的に減る．このままでは，将来的には今よりさらに高齢化と人口減少が進み，都市部にありながらも山村の過疎地と同じような，高齢者のみの地域となることすら懸念される．そのようななかに取り残された高齢者は，高齢者のみで構成されるコミュニティを頼りに晩年を過ごすしかない．個々人の住む力だけでなく，地域が担保する住む力は，ますます弱くなってしまうであろう．そうなれば，地域の経済や活力はさらに低下し，地元商店の活気も乏しくなり，さらに若者が遠のいて高齢化が進む"負のサイクル"となることが予測される．

9.4　木賃住宅の建替えの現状

　木賃住宅の建替えはまったく進んでいないわけではない．現状では，家主の判断により小規模な範囲で行われている．つまり，個々の建替えに対するゆるやかな規制誘導により，地区全体の整備を順次行っていく「修復型まちづくり」が主流となっている．ここでいう修復型まちづくりとは，建築確認時の指導を通じて，個々の建替え時に敷地境界線から建物をセットバックさせ，最小 4 m 幅員の道路を確保することを積み重ね，将来的に地域全体の道路ネットワークを構築する手法である．このような修復型の手法が主流となるのには，以下のような理由がある．

　1）修復型の手法の場合，利害関係者が一人または少数であることから，建替え事業にかかる合意形成が簡単に進む．そのため新たな事業者となる者も，また資金提供者となる金融機関も，需要層もほぼすべて把握できる状況となるため，事業のリスクが少なく比較的スムーズに建替えが進行する．

　2）修復型の手法で行われる木賃住宅の建替えでは，1棟全部が空き家となってから開始される場合が多いが，かりに事業の初期段階で借家人が1〜2人残っていても，移転住戸を近隣に確保するのは容易である．そのため隣近所との関係継続を希望する者には受け入れられやすい．

かりに，家主が建替えようとする場合，彼（彼女）らにとって最も望ましい事業形態は，賃貸住宅経営をやめ，敷地を分割してミニ戸建てを分譲する開発である．この形態は，家主にとっては，建築物の形状やその所有形態に関して最も自由度が高く，かつ同時にそれを動かす事業者にとっても資金回転率と事業期間が短いのでリスクが低い．またミニ戸建て住宅の開発は，小規模な区域でも実現可能なメリットがある．

　だが，他方で，この建替えは，周辺状況や地域環境に必ずしも貢献したものになっていない．地域内で，たまたま建替えの条件を備えた区域（たとえば接道条件を何とか満たす敷地）だけを先使いした「良いところだけのつまみ食い」方式となってしまうからである．こうした家主と事業者の意向だけに，密集市街地の更新を委ねてしまうと，その地区は断片的・部分的改良の虫食い状態になっていくと思われる．さらに，できあがったミニ戸建ても，敷地境界ぎりぎりまで建物が配置されたり，空き地が駐車場利用となっていたりして，いわゆる「一戸建ての密集市街地」の再生産となっていることも多い．

　木造密集市街地の防災性を早期に向上させる必要性が高まるなかで，このような修復型まちづくり手法が主流となっていることを筆者は憂慮している．家主も，新たに建替事業を行おうとする事業者も，また借家人さえも，誰もが目先の部分的な環境改善や現状維持しか望んでおらず，地域全体としての防災性向上に目をつぶって事業が進められているからである．ゆえに，修復型まちづくりが目指すところの，個々の建替えが面的に広がりをもち，かつ防災上の安全性向上のための「避難ルート」が確保できるところに，なかなか到達しない．

　このような状況を打開するため，今後の取り組みとして必要なことは，まずは行政もしくはそれにかわる機関（公的セクター）が責任をもち，必要最小限度のインフラ整備を行うこと，加えて土地建物所有者が建替えを行う場合の税制上の軽減措置や，土地処分にしても簡単な手続きで実現できるといった措置により，土地建物所有者が建替え行為に着手しやすい環境を整えることである．小規模な道路にも都市計画道路事業を適用することや，沿道区画整理事業で沿道部の者からも応分の負担を求めるような仕組みができれば，さらなる発展が期待できる．こうした具体的な議論を進めていくための第一ステップとして，家主と行政などの事業主体が一緒に「地域のまちづくり」，つまりインフラ整備と敷地整備を同時に考える場（プラットフォーム）をつくることが不可欠である．

9.5 木造密集市街地整備促進の可能性

では，建替えを進めていくためには，具体的にどのような方策があるのか．大阪府門真市本町で行われた密集市街地整備の例（図9.2）をみてみよう．ここは，老朽化した簡易耐火住宅十数棟と木賃アパート2棟，木賃長屋店舗1棟が，それぞれ幅員3m程度の狭小道路に面して建っている地域であった．そこに，2008年度に創設された防災街区整備事業制度が適用されることとなり，密集市街地の更新が実現した．この事例では，共同建替えと任意のルールに基づく個別更新の合わせ技が用いられた．

住宅については，共同住宅区に5階建ての分譲マンションと，同じく5階建ての賃貸住宅が，個別住宅区には最低敷地規模 100 m^2 以上の一戸建て建売住宅が新築された．地区全体のインフラとしては，第一に，細街路は幅員 6.7 m に拡張された．各敷地の道路側境界部分には囲いがなく，街路との一体感が保たれるように仕上げられている．第二に，建物は壁面線を統一して敷地境界からセットバックされている．第三に，街路表層の仕上げはインターロッキングで行われるなど歩車融合が保たれており，全体として街路空間が広くゆったりとした雰囲気になっている．この面的に更新された空間を，周辺に残る木賃住宅や店舗付住宅が密集した区域や，一度更新された3階建てのミニ戸建て住宅が密集する地区と比較すると，その環境性能は目を見張るほど向上している．

この事業の実現に際して，個々の地権者，とくに土地所有者は，敷地の一部を公共道路用に提供するという自己負担を強いられたわけだが，一戸建て住宅の敷地は街路から提供されるゆったりとした空間により，実際の敷地面積よりも広く感じることができる．また，道路幅員の拡大により，緊急車両の出入りがスムーズとなり，周辺に残された密集市街地における消防活動困難区域を縮小するプラス効果ももたらした．さらには，従前は駅至便な立地でありながらも，住環境が不良であったためその土地評価は低かったが，面的改善が進んだことで資産的価値としても，一定向上が期待できるようになった．周辺環境への貢献が，自らの資産的価値向上にもつながった．ちなみに，地権者は門真市と民間地家主数名であり，事業化の検討当初に数名残っていた借家人は，事業がある程度進展した時期に借家契約を解消されている．

こうした事業が実現したのは，なにより公的セクターの関与と，それを機として地区の権利者（地主や地元関係者）が参集し，全体構想づくりがしっかりと行

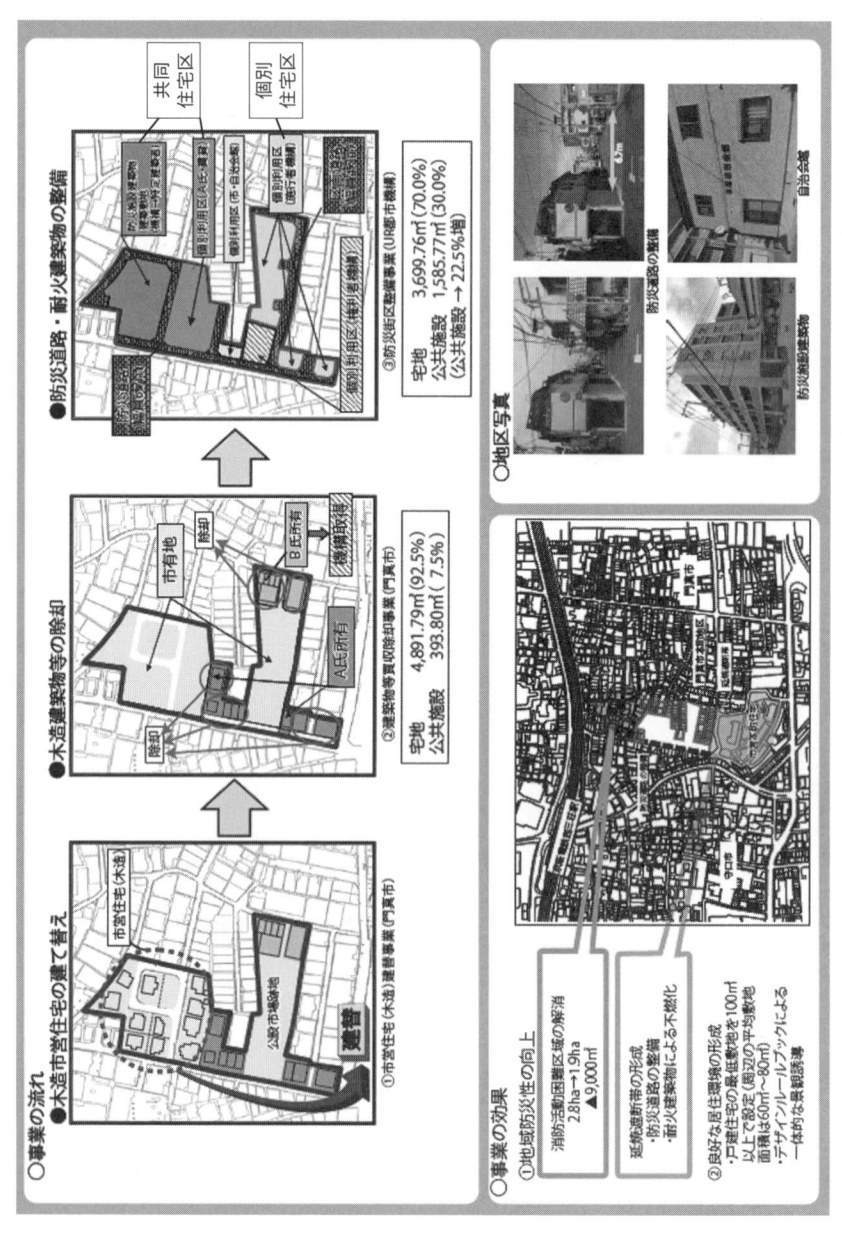

図 9.2　大阪府門真市北巣本町地区防災街区整備事業の流れ（UR事業パンフレットより）

われたからである．関係者の合意形成と構想づくりには数年を要している．しかし，段階的に構想づくりが進展し，都市計画認可という後戻りできないステップを踏みながらの事業の進め方が，面的な更新を確実なものにしていく効果があると筆者は考える．このような手順を踏んでの事業化であるがゆえに，既述の修復型まちづくりとは，事業完了後の成果が大きく異なっている．

当該地域に適用された防災街区整備事業は，密集事業と市街地再開発事業の中間的な措置として適用される事業特性をもっている．また防災街区整備事業の実施で，拡幅整備された道路の沿道に立地する既存商店の活性化にも寄与できているなど，整備地区のみならず周辺の環境改善にもつながっていることが大いに評価される．

このように事業化が実現した事例から導かれる建替えおよび市街地の面的更新方策の要点として，以下の3点を指摘しておきたい．

1) 地区の全体構想を考えるべく，家主と行政などの事業主体が一緒に「地域のまちづくり」を検討できる場（プラットフォーム）を設けることである．関係者の間で，地域の課題や展望を共有したうえで，インフラ整備と敷地整備を同時に考える時間を丁寧に積み上げていくことが不可欠である．行政が介入することにより，家主のリスクを軽減することに加えて，土地を有効利用できる可能性が高まり，結果として資産価値の向上を期待できるメリットがある．

2) 共同建替えを検討する（表9.3 ①案）

なるべく広範に地区の安全性と住環境の質の向上を可能にするために，まずは共同建替えの可能性を探る必要があろう．共同建替えの手法は，阪神・淡路大震災における木造密集市街地の被災地でも採用され，住宅復興が実現した．阪神・淡路大震災の被災地の場合，任意の合意形成による共同建替えと，土地の交換を伴う区画整理事業とセットで進められた共同建替えの二つのタイプが存在した．土地の有効利用という面では，後者のほうが，区画道路や公園等の整備がともなったことで，高度かつ効率的な土地活用と評価されている．共同建替えの手法は，地域の居住者のコーポラティブ参加募集を行えばさらなる拡大発展も見込まれる．

3) 土地の買い取りと住環境向上のための任意のルール化（表9.3 ③案）

地区の特性や事情によって，共同建替えの可能性がきわめて低い場合，代替策として一旦ディベロッパーに土地を買い取らせて建替えし，その後地権者に土地

表 9.3　木造密集市街地整備方策の要点

	① 関係者で話し合い、一つの建物に共同建替え	② 地区で話し合い、まちなみや形態を規定し、個別建替え	③ 同時に建替える関係者が集まり、建物形態を協調して建替え
開発の規模	おおむね既成市街地の一街区程度　任意同意の再開発	既成市街地複数街区で構成される地区	既成市街地の街区の一部　新住宅開発地での「建築協定」
具体的な事例	優良建築物等整備事業　住宅市街地総合整備事業（共同化）　防災街区整備事業の共同住宅区「門真本町地区の共同住宅区」	「神戸市野田北部地区のまちなみ誘導地区計画制度」	開発事業者1社による建築協定付き宅地分譲地での建築協定付き住宅や、近隣で話し合ってデザインを統一「法善寺横丁地区連担建築制度」「金剛東・甘々山台地区建築協定」「門真本町地区の個別住宅区」
実現へのハードル	個別敷地の集約化が必要なので、敷地の共有化等の条件が厳しい　まちと土地と建物の等価交換などの作業が伴う	複数街区で構成される地域の地権者の総意による地区計画設定が求められ、市町村での審議が伴う	近隣で建替え時期が同一になるタイミングが調整しづらい　大規模空閑地の跡地利用での戸建や連棟住宅の建設では調整しやすい
無接道の裏宅地の対応	裏宅地も表地と一緒に事業参画できる　地権者でなくても保留床取得として参加できる	裏宅地と表地との話し合いのきっかけがなく地権者でないと参加できない	任意の調整に基づくため裏宅地が参加しづらい
敷地活用とまち空間	土地の有効活用（高容積活用）　建物の不燃化　共有外部空間の公的利用	高建蔽率活用、絶対高さ遵守、壁面線指定で規制、用途や斜線制限の緩和も可能	建物デザイン統一、相互避難性の確保外部空間の統一、コモン、集中駐車場、歩車融合
インフラ整備への影響	同時にインフラ整備（道路拡幅）も可能	漸次、徐々に道路空間がまとまる	建物の防災性と道路空間との整合性が担保される
まちの防災性の改善	一発で解決	一発解決ではなく、漸次でのまちづくり	完成後のまちの協調空間の管理意識の継続が鍵
建物形態	集合住宅	一戸建て	計画的一戸建てor連棟建物
将来の建替え更新時の課題	基本的に全員合意	景観ルールの継続性をどう図るか	協調性の担保である建築協定をどう継続するか（横つながり）

建物を販売することが望ましい．ただし，この場合住環境改善の取り組みは，当事者間の同意に基づく任意のルール化となる．また土地建物所有者の希望に応じて，公的セクターが土地バンクの仕組み等を活用して土地を集約・保持し，規制・誘導により個々の建替えに一定の方向性を与えることも検討すべきだろう．

上記2），3）の方法以外にも，地区計画制度を利用して，地区全体に一定の規制を設けて，個別建替えする方法がある（表9.3②）．たとえば，道路拡幅が困難な場合に，地区計画をかけて，地区内の建築物の耐火性能を向上させ，道路幅員は基準に満たなくても建替えを可能とし，現状よりも防火性・防災性を向上させる手段などがこれにあたる．

最後に，かりにこうした次善の策すらかなわないような地区においても，最低限度，個々の建替えが近隣の無接道宅地への接道確保につながる仕組みが必要である．修復型まちづくり手法のように，個別建替えに対する規制誘導の積み重ねの成果を待っていては，地域全体の安全性や居住性が改善されるまでに時間がかかりすぎる．避難ルートの防災性能を早急に改善する道筋をつける必要があり，行政には住民や事業者がそうした規制や誘導を受け入れられるよう，粘り強く交渉を重ねていくことが求められる．

9.6 地域全体の住む力の向上

冒頭に紹介した火災の現場はその後解体撤去され，2013年4月現在，未舗装の仮設駐車場として利用されている．一方，火災が起こった建物の両隣にある木賃住宅はそのままでではあるが，隣接する中学校が統廃合により廃校になるのを契機に，周辺一帯で住宅総合市街地整備事業と土地区画整理事業を検討している．不幸な火災をきっかけとしてではあるが，防災性を高めるまちづくりがはじまりつつある．

事業の実施に際しては，行政や事業主体，直接的な利害関係者である木賃住宅所有者だけでなく，借家人や当該地域住民の声を集め，計画に反映させることがきわめて重要である．こうした住民参加は，手間暇がかかり事業実施に至るまでに遠回りであると思われるかもしれないが，かかる課題を広く共有し，議論のテーブルに載せなければ，密集市街地の問題の抜本的解決につながらない．災害発生時において助ける者，助けられる者の皆が一緒に集まり，そこで活発な「住む場所のあり方」論が展開されること，それこそが地域全体での住む力の向上とな

り,さらには「住みこなす力」になると信じている. ［田中　貢］

●参考文献
伊藤雅春ほか編（2011）『都市計画とまちづくりがわかる本』彰国社
区画整理促進機構編（2004）『小規模区画整理のすすめ—これからの街なか土地活用』学芸出版社
都市環境デザイン会議関西ブロック編（2011）『JUDI関西　仕事の軌跡と展望』
日本建築学会編（2004）『まちづくりの方法（シリーズまちづくり教科書）』丸善

第Ⅲ部
災害復興における「住む力」

　第Ⅲ部は，災害復興における住む力を扱う．災害は，平時の課題をより先鋭化したかたちで表出する．住む力の減退，発揮や活用についても，平時以上の困難が生じると予想される．しかしそれは，困難のレベルが一様に上昇するというような単純な現象として発現するわけではない．なぜなら第一に，災害は脆弱性を集中的に襲う．ハザード（危険性）は平等であったとしても，それがもたらす影響は，きわめて不平等である．第二に，災害は再現性をもち，すなわちそれは再被災のリスクを明示する．被災者はそのリスクをいかに回避するかという新たな難問に直面する．第三に，被災者はしばしば居住地の移動を余儀なくされる．これらはいずれも，平時の課題とは独立した論点への言及を要請する．

　第10章は，阪神・淡路大震災，新潟県中越地震，福岡県西方沖地震の被災地を事例に，被災者の移動がどのようなメカニズムによって生じてきたかを問う．被災地ではハザードのみならず，居住地移動のプロセスもまた，脆弱性へのダメージをともないながら進展することを論証する．

　第11章では，災害復興過程における被災者の生活再建支援の重要性と，地域や親戚縁者など人や場所との関係性の維持に配慮した環境移行の必要性を説き，東日本大震災を事例に，災害復興過程には関係性をつなぐ「居場所」づくりが不可欠であることを示す．

　第12章は，コミュニティをベースとした主体形成に焦点をあてる．ハリケーン・カトリーナやジャワ島中部地震の事例を通して，誰が住宅復興の担い手になるのかという問いを投げかけ，どうすれば住む力をいかすことが可能かを示す．

第10章
被災地における住まいの移動と「住む力」

キーワード ▶災害復興過程 ▶移動 ▶再定住 ▶阪神・淡路大震災 ▶新潟県中越地震 ▶福岡県西方沖地震

10.1 被災者の住む力

　災害は日常を断絶する．被災者は，前触れもなく自らの住む力を試される．住む力を備えていた人びとは断絶を乗り越え日常を回復し，そうでない人びとは不安定な被災後を「漂流」する．この見立ては確からしく思える．だがここから，すぐさま個々の住む力をいかに鍛えておくかという問いに向かうとしたら，私たちは重大な論点を見落とすことになるだろう．

　被災者の住む力は，住まいや集落，市街地の復興をめぐるさまざまな政策，すなわち外在的な要因によって著しく影響を受ける．後に詳しく述べるように，その影響は住まいの移動という問題と密接にかかわっている．住まいの移動は，ある場合には住む力の回復を後押しし，ある場合にはそれを阻む．両者を分かつのは，個々の被災者に帰責できない外在的な復興メカニズムの存在である．個々の住む力とは別のところに発現する，そのメカニズムの実態を解き明かす必要がある．

　東日本大震災の発生からおよそ3年が経過した現在，被災地では土地区画整理事業や防災集団移転促進事業，漁業集落防災機能強化事業，津波復興拠点整備事業といった，さまざまなメニューを駆使した住宅・居住地再生が検討され，一部では具体化しつつある．ただ，被災者にとっての最大の関心事は，原地での定住か移動かという居住場所をめぐる議論であろう．

　山口（1972）や越村（2006）が過去の津波災害後の移転事例を参照しながら説得的に示しているように，高所への移動が津波のリスクを低減することはほぼ明

らかである．また津波以外の災害においても，原地居住継続が必ずしも主流ではないことがわかっている．牧（2011）は，木村ら（2001）や澤田ら（2011）の議論を参照しつつ，次のように述べている．「（阪神・淡路大震災では）県外に一時出たのを契機にそのまま戻ってこなかった人も多く存在する．（略）約半数の人が転出したことをプラスに捉えている，というのが県外に転出した人びとの姿である」「（新潟県中越地震では）集落を離れることを支援する『防災集団移転』事業が行われた小千谷市東山地区と，『山古志へ帰ろう』を合い言葉に復興が進められてきた旧山古志村とも集落に戻ってきた世帯の割合は全く同じ52パーセントなのである」．つまり災害が発生すると，それが大都市であれ中山間地域であれ，多くの世帯は主体的に移動し，そのことにメリットを見出してきたといえる．

　このように，移動を肯定するための材料はすでに揃っているように思われる．しかしそれでもなお，次のような疑問がありえる．第一に，移動は災害リスクを低減するとしても，他方で生業や生活再建をはたし，災害発生前の日常を取り戻す上での別のリスクをもたらす可能性がある．そのリスクとは一体どのようなものか．第二に，移動が主体的になされ，その結果，多くのケースでメリットが享受されているとしても，当然ながらそうでないケースは存在する．B・ラファエルは著書『災害の襲うとき』のなかで，被災地からの立ち退きがいかに深刻なストレス要因となるかを精神医学の知見として克明に記している．三浦ら（1996）もまた，自然災害にともなう環境移行の過程において「人的環境，物理的環境の両方を失ってしまうことに対して，人間は極めて弱い存在である」と述べている．つまり，移動は，ある人にはベネフィットとなる一方で，別のある人には致命的なリスク／ダメージとなる可能性がある．後者とはいったい誰か．

　この問いを解くために，まずは災害後の移動の実態を概観しておきたい．たとえば，阪神・淡路大震災の復興過程においては，災害発生から1年後も約25％の被災者が仮住まいであった（木村ら2001）．被災者の移動は避難所，応急仮設住宅，災害公営住宅（図10.1）の供給手法に連動する．阪神・淡路大震災の住宅復興は，「避難所→応急仮設住宅→災害公営住宅」という"単線的"なセーフティネットに依存しており，別の選択肢を備えた"複線的"なラインが必要であること，「自力仮設住宅」などのオプションへの支援が重要であることなどが指摘されてきた（塩崎ら1998，平山1998）．またこうした"単線的"な住宅セーフテ

図10.1 災害公営住宅（HAT 灘浜，兵庫県神戸市）（写真提供：663highland）

ィネット整備は，土地区画整理事業などの法定都市計画に基づく強力な事業と連動し，一方は被災者を吸引し，一方は被災者を拡散する装置として相乗的にコミュニティの分解を引き起こしてきた（田中 2007）．

他方，東日本大震災の主要な復興メニューのひとつとされている「防災集団移転促進事業」を扱った研究として，水谷（1982）は 1972 年の制度創設以前にも遡り，1980 年時点までの事業実績を詳しく分析している．移転者への資金助成や移転要件の緩和の必要性を指摘し，その後の事業の運用に影響を与えた重要な論文である．2004 年の新潟県中越地震での集団移転事業は，移転促進区域の設定や移転先との距離などから，大まかには三つのパターンに分かれる．第一に集落外への全戸移転，第二に集落外への一部移転，第三に集落内での一部移転である．とくに，事業が世帯単位でスポット的に適用されたケースにおいては，近隣関係の弱体化や集落コミュニティの崩壊が生じていることなどが指摘されている（青砥ら 2006）．

さらに，牧（2011）は海外事例を含む，きわめて豊富な事例調査をもとに，居住者の移動実態を描き出し，「災害が多い日本においては，歴史的にみて都市居住の基本は『借家』住まいであり，二十一世紀前半の自然災害の時代を迎える私たちはこのことを，さらには災害に見舞われたら移動するのだ，という感覚を再

度獲得する必要がある」と結論づけている．

以上のように，災害復興過程における居住地移動の実態や，そのマクロな動向については多くの研究蓄積がある．しかしながら，先ほどの二つの問い——移動のリスクとは何か，それによって致命的なリスク／ダメージを受けるのは誰か——に答えるための材料は十分とはいえない．なぜならこれらの問いは，移動の背景と結果に関するデータを必要とする．被災者らは自ら積極的に移動したのか，移動せざるをえなかったのか，選択肢のあいだで揺れ動いていたのか，それらはどのように動機づけられ，あるいは強要されたのか．そして移動と再定住をはたした後，どのような暮らしの変化を受け，それをどう受け止め，評価しているのか．本章では阪神・淡路大震災，新潟県中越地震，福岡県西方沖地震の被災地を事例に，被災者の移動がどのようなメカニズムによって生じてきたかを明らかにする．

10.2 都市災害における住まいの移動

阪神・淡路大震災の復興都市計画は，土地区画整理事業と市街地再開発事業を2本柱としていた．これらの法定都市計画事業区域は，全被災面積のうちわずか数パーセントに限定され，その数パーセントに対し，莫大な財源とマンパワーが選択的・集中的に投入された．

にもかかわらず，長期にわたり多くの空き地が残存するなど，事業完了後もその物的・人的な状況は震災前のレベルに到達できていないケースがある．たとえば主たる被災地のひとつ，神戸市長田区の区画整理エリアでは，災害発生から10年後（2005年）の人口が震災前の5割に満たない街区が37％を占めている（田中ら 2012）．もっともそれは遅れているだけであり，回復の途上にあるという見方もできるだろう．しかしながら，被災から10年を経た後の回復は，従前居住者の生活・生業再建とはほとんど無関係の現象であるように思われる．

大量の住宅の滅失・再建過程において，住宅ストック構成もまた著しく変化した．区画整理／再開発エリアでは長屋建て，一戸建てがともにほぼ壊滅し，残された健全な住宅ストックは一部の共同住宅に限定される傾向にあった．

復興事業区域でなぜ人口が回復しないのか

共同住宅に偏ったストック構成は，その後の住宅再建過程において従前の状況

に戻る傾向を示さず，一戸建てと共同住宅への二分化（区画整理エリア）もしくは共同住宅への純化（再開発エリア）が進展してきた．長屋建てのストックは，被災エリア内ではほとんど事業区域外のみに残存し，その残存率の高い街区ほど居住継続率が高い．つまり，長屋居住者の多くはそこに住み続けるしかない，居住の選択肢を他にもたない層であったことが示唆される．長屋建てのストックが壊滅した区画整理／再開発エリアでは，そのような居住者層の受け皿が再生されてこなかった可能性がある．人口回復を阻害している第一の要因はこの点にあると考えられる．

　第二の要因は，生活・生業再建と事業スキームの間のミスマッチである．総じて自宅勤務（≒自営層）やブルーカラー層の割合が高い街区での人口回復率が低い．自営層やブルーカラー層は，被災によって住宅だけでなく就業場所も失った可能性が高い．事業は一般に長期間を要し，その間，権利者には仮住まいや移転が求められる一方，生業維持を支える仕組みは組み込まれていない．自営層やブルーカラー層が住み続けるための資源（自らの事業所，雇用先，取引先等）が再生されない限り，居住地自体を別の場所に求めざるをえない．それらの要因の集積が人口回復率を引き下げてきたとみられる．

転出世帯は移転先で安定した居住を得ているか

　区画整理エリアのひとつである神戸市長田区御菅地区の総世帯数は，2006年時点において震災前の約半数であり，かつそのうちの6割は地区外からの転入世帯である．震災前から住んでいる残留世帯は21％であり，79％が地区外に転出した．そうした転出世帯の6割以上は県外を含む長田区外に移転しており，従前居住地からの徒歩圏内にとどまっているのは2割に満たない．移転先での定住意識は高いが，同時に「以前は戻りたかった」とする世帯が7割近くに及んでいる（田中ら 2008）．

　転出世帯の約半数は今も従前居住地を訪問している．そうした関係を継続している層の現居住地での定住意識は高く，逆に関係を解消した層のそれは低い傾向にある．従前居住地との関係継続は，震災前後の生活圏の重なりを意味する．したがって，そうした重なりの喪失が安定した居住の確保の支障になり，ひいては現居住地での定住意識の低さにつながっていると考えられる．裏返せば，従前居住地との関係が継続できれば，転出後も居住の安定が図られる可能性が高い．

不安定居住は何を結果しているか

　転出世帯の転居履歴は多様であり，現居住地に至るまでの不安定な居住期間には，ばらつきがある．その期間が短い，すなわち不安定居住を回避しえたのは，ほぼ持ち家取得層に限られ，その他の層の多くは間借りや仮設住宅を含め，転居を繰り返している．前者は帰還意識が低い，もしくはそれが早期に低減するなかで地区外に持ち家を取得しえた層，後者は不確かな見通しのなか，「いずれ戻れるのではないか」といった帰還意識を持ち続けてきた層といえる．

　転居を繰り返す不安定層は，従来，近隣の商業施設や交流場所などの利用頻度が高く，すなわち地区内の物的環境に依存する傾向にあった．また用途が混在した土地利用や路地の多い市街地特性を高く評価し，さらに人的にもより密な近隣関係をもっていた．他方，不安定回避層は，必ずしも地区内への物的・人的な依存度が高くなかった．こうした依存度の違いが転出後の生活再建の達成度に影響しているとみられる．依存度の高い不安定層は暮らし向きや近隣との接触頻度を低下させ，「一日中外に出ない」「一日中誰とも顔を合わせない」といった孤立化の傾向を示している．

"追い出し"は回避できなかったか

　転出世帯の数は，区画整理という制度上の要因によって増加し，受皿住宅はそれを回避する機能を十分にはたせなかった面がある．減歩や換地による物理的・時間的な負担がなければ，転出した権利者のうちの3割近くは残留した可能性が高い．むろん減歩や換地は制度の根幹をなすものであり，それらを否定することは実際的な意味をもたないが，少なくとも再建の意思のある権利者の転出を誘導しない制度設計がなされるべきであろう．また，受皿住宅についても，早期の募集や着工がなされていれば，最終的に賃貸住宅への入居を選択した層の大半が残留した可能性がある．

　確かに，転出は居住者の自己決定による部分が大きいだろう．しかしながら，その決定の多くが積極的になされたとはいえない．事業は多かれ少なかれ，居住者の"追い出し"を誘導してきたと考えざるをえない．

10.3　集落災害における住まいの移動

　わが国の集落の多くは，すでに人口減少期に入って久しい．災害はさらに人口

の流出を加速する．集落災害からの復興は，どの時点の人口を基準に回復をめざすのかという厳しい判断を余儀なくされる．被害や将来的な災害リスクの大きさによっては，集落を廃止するという選択肢さえ議論になる．その場合，どこに集落を移転し，再生するのかというさらに困難な判断が求められる．つまり被災集落では，維持，廃村，分割といった種々の再編過程のなかで被災者の移動が生じてきたと考えられる．

福岡県西方沖地震（2005）の被災地，玄界島では集落維持がめざされた．しかし，地盤そのものが崩壊したため，小規模住宅地区改良事業に基づく集落全体の一体的な再整備が行われた．空間は大きく再編されたが，居住者はほぼ集落内にとどまった．2008 年 9 月（災害発生から 3 年半）の時点で，島の人口は震災時の 83％まで回復している．震災後の新たな転入はほとんどないとすれば，ほぼ震災前のコミュニティが維持されていると考えられる．

他方，新潟県中越地震（2004）では，11 の集落において集団移転事業による集落の再配置が行われた．ただし，必ずしも全戸を移転対象としない「まだら状の網掛け」による部分的な集団移転が多い．移転促進区域は実質的な危険性を根拠とするのではなく，住宅再建支援のために各世帯の事情に応じて設定された．その結果，いくつかの集落は分割再編されている．

コミュニティは維持されたか

玄界島では，震災前後の居住者構成にほとんど変化がないにもかかわらず，7 割以上の世帯が震災前に比べ，外部空間での交流機会が減少したと感じている．震災前の敷地境界は登記上も実態上も曖昧であり，通路や庭先などの空間は個々の宅地に帰属するのではなく，一体的なオープンスペースとして存在していた．そこは，日常的な生活行為があると同時に，それに付随して近隣との交流が生じる「共有空間」であった．「共有空間」という場で生活行為が繰り広げられることによって，居住者間の偶発的な接触機会が保障されていた．ところが小規模住宅地区改良事業によってすべての敷地の所有権が整理され，かつ道路・公園などのインフラが全面的に整備されたことで，「共有空間」は消滅し，私有空間と公共空間に二分された．

その結果，生活行為に基づく偶発的な接触機会は減少した．公民館などでの交流は活発化しているが，それを通じて形成される関係性と，日常的な生活行為を

通じて形成される関係性とは違っている．前者は自覚的な交流意思のある人どうしが結び合う強い関係性であり，後者は住戸まわりでの仕事や家事，買い物行動のプロセスに埋め込まれ，それを行う人どうしが結果的に結び合う弱い関係性である．そのつながりの機会は，そこでの生活という日常的な営為そのものによってつくられていた．持続的な関係性を再生するためには「共有空間」の再生が必要だといえる．

何が移転／残留を分けたのか

　中越地震における部分的な集団移転は，事業本来の目的に照らして不自然・不整合な面を含んでいるように思われる．しかし，問題はいびつな移転促進区域設定の結果，集落コミュニティが分割されてきたという点にある．

　越路町（現長岡市）西谷地区は，次の三つに分割された．第一に，通勤・通学等の利便向上を積極的に求めて集落外のまちなかに移転した世帯，第二に，もとの危険な傾斜地を下り，集落中心部に近い集団移転団地に移転した世帯である（図 10.2）．これらはいずれも 2 世代以上の大規模世帯が中心である．第三に，もとの居住地での居住継続を選択した，単身や夫婦のみの高齢世帯である．

　つまり，移転か残留かという選択は，住宅・地盤被害の大小や，各世帯の積極的な動機に基づいているとはいいきれず，新たに住宅取得が可能かどうか，端的には資力や信用力の多寡によって決定づけられてきた面がある．

図 10.2　集団移転先の団地（長岡市）

もとの集落はどうなったのか

　部分的集団移転は，集落の人口減少をもたらしている．だがそれは，集落内において地理的に一様に生じたわけではない．危険な傾斜地などの不利な土地ほど移転した世帯が多く，したがって不利な環境ほど人口や住宅の密度が低下した．その結果，周囲の土地の荒廃が進み，人的な接触機会は減少した．除雪作業の負担は増大し，残された高齢層に重くのしかかっている．

　もっとも，残留世帯は自らもとの居住地にとどまることを選択している．しかし当初の残留意向は必ずしも現時点での定住意識につながってはいない．傾斜地にとどまった世帯の多くは「今後も住み続けるか」という問いに対して，「わからない」と答えている．

移転世帯の生活実態はどのように変化したか

　移転世帯の移転先での定住意識は高い．もっとも，移転世帯の多くは土地・住宅の取得時にローンを組んでいると思われ，その残債を考えれば当然のことかもしれない．ただ，移転は生活利便の向上という動機に基づき，積極的・選択的になされている．実際上も多かれ少なかれメリットが享受されていることから，経済的理由のみが定住意識を支えているとはいいきれない．

　また近距離に移転した集団移転世帯はもとより，数km以上隔てた場所に移転した個別移転世帯においても，大半のケースが今も従前居住地を定期的に訪問している．その主たる動機は，震災前から行われていた田畑利用である．このことは，移転世帯の生活圏が震災前後において一定の重なりを有することを意味している．あるいは従前居住地は生産活動の場として残し，居住の場をより快適なところへ移したという見方もできるだろう．このような従前居住地の訪問は，残留世帯との接触の機会にもなっている．

10.4 "追い出し" と "置き去り"

　先行研究で指摘されてきたように，災害復興過程において原地居住継続は決して主流というわけではない．都市災害であれ集落災害であれ，距離の長短はあるにせよ，多くの被災者は居住地を移動してきた．ただ留意すべきは，居住者の移動は必ずしも居住者自身の積極的な動機と自己決定には基づいていないという点である．

阪神・淡路大震災の復興区画整理地区では，多くの転出世帯が発生した．そのなかでも持ち家取得層が比較的早期に再定住を果たす一方，それ以外の層は「いずれ戻れるのではないか」という思いを抱きつつ，定住意識をもちえない不安定な居住のまま，「一日中誰とも顔を合わせない」など孤立化する傾向がみられた．区域内に残留した世帯においても，持ち家取得が可能かどうかといった選択肢の所有格差によって，住宅・居住地移動の大小が振り分けられている．

新潟県中越地震では，集団移転事業を適用するにあたって各世帯の事情を斟酌し，その結果，「まだら状」の移転促進区域が設定された．それによって集落の分割が誘導されてきた．この分割は，概して，持ち家再建が可能な2世代以上の大規模世帯の移転と，小規模・高齢世帯の残留という選択の帰結である．前者はより安全性と利便性の高いエリアでの再定住を果たし，一方，災害リスクを抱えたエリアに残った後者には，周辺の人口減少による土地の荒廃や人的な交流機会の喪失がもたらされた．そして，定住意識は移転した世帯ほど高く，残留した世帯のそれはしだいに低下しつつあるとみられる．

以上のように，災害復興過程における居住者の移動は，まったく公正とはいいがたいメカニズムのもとに生じてきた．それは端的には，借家層・自営層・ブルーカラー層の"追い出し"と，小規模世帯・高齢層・貧困層の"置き去り"として説明できるだろう．"追い出し"による移動を余儀なくされてきた居住者は，再定住を果たすまでの過程が不安定であったのみならず，今なお高い定住意識をもち合わせていない傾向にある．"置き去り"を余儀なくされてきた居住者は，しだいに当初の定住意識を低下させている．災害によって断絶した日常を取り戻すことが生活再建であるとすれば，再定住地での定住意識をもつことができない彼らはいまだ生活再建の途上にあると理解すべきなのではないだろうか．

住宅・居住地の選択肢の所有／非所有の違いは，さまざまな場面で連鎖的に影響し，その後の生活再建過程を大きく分かつ．選択肢をもちえない場合，移動するかどうかは他律的に決定され，自らのニーズとは無関係に環境移行がもたらされ，再定住意識を獲得できないまま，孤立を深めていく．他方，複数の選択肢を有する側は，移動するかどうかを自己決定し，積極的な動機に基づく能動的な環境移行を経て，安定した再定住意識を獲得する．これが，災害復興過程の移動に潜在する不公正なメカニズムの実態であり，そのあらわれが"追い出し"と"置き去り"という現象である．

10.5 住む力の回復への方途

　災害は日常を断絶する．復興過程で繰り広げられるさまざまな施策は，被災者の住む力の回復を後押しするものでなければならない．しかしながら，過去の事例においては必ずしもそうなってはいない．より正しくいえば，それらはある人びとにとっては後押しとなり，別のある人びとには足枷となってきた．

　このことを許容可能な「副作用」だと捉えるのか，そうではなく，致命的欠陥と捉えるのか．前者の視座に立てば，なるべく「副作用」を抑えるべく対症療法を繰り出すことで事足りるのかもしれない．だがかりに後者だとすれば，私たちは根本的な修正を迫られている．

　生活再建とは，新たな住まいを確保し，そこを拠点に日常を再構築しようとする意思を固めること，すなわち再定住意識の獲得であるといえるだろう．復興過程において，いちはやく再定住意識を獲得する人びとがいる一方で，長期にわたり，不安定な「漂流」を続ける人びとがいる．むろん能動的に定住意識をもたないという選択はあってよい．しかし，繰り返し述べてきたように，復興過程が生み出してきたのは，自らのニーズとは無関係に環境移行がもたらされ，再定住意識を獲得できないまま，孤立を深めてきた人びとである．住む力の回復を阻害され，やがては自らそれを放棄してきた人びとである．本章ではほとんど触れることはできなかったが，被災地の「孤独死」問題は，この延長にある（田中ら 2009b，2010a）．

　ではどうすればいいのか．住宅・居住地の選択肢の所有／非所有が起点となり，その後の生活再建過程の有利／不利を分け隔てていくのだとすれば，重要なポイントは，応急復旧期から本格復興期の各段階において，いかに複数の住宅・居住地の選択肢を用意できるかであろう．むろん複数の選択肢は，選択主体にとってアフォーダブル（支払可能）かつ競合的でなくてはならない．つまり，単に選び取ることが可能というだけでなく，積極的に動機づけられた意思の向かう先に，二つ以上の選択肢が確保されている必要がある．

　他方，個々の居住者の選択肢が確保されたとしても，コミュニティが分割される可能性は残る．両者は互いに排他的ではない．分割を避けるためには，どの場所でコミュニティ再生を図るのかという，個々の選択を超えたより高次の選択，すなわち政策的判断が求められる．その判断基準は，たとえば，災害リスクであり，地形形状であり，あるいは利便性であり，インフラ整備状況であるだろう．

図 10.3　高台から低平地を見下ろす（串本町）

だが本章から導出される最優先とするべき基準は，"追い出し"，"置き去り"的状況を生み出さないというものである．それはすなわち，本格復興に至る局面において実質的な選択肢をもちえない居住者に着目し，彼らの再定住地（たとえば仮設住宅団地や集団移転前の集落）を基軸としてコミュニティ再生を図るという戦略の採用を求めている．東日本大震災の被災地においてすでに検討されている仮設住宅の恒久化の試みは，個々の住宅転用のスキームを超えて，こうした「最も不利な人びと」の再定住地にこそ，最も豊かで，最も美しい居住空間を再生するという思想のもとに展開されるべきなのではないだろうか．

災害復興過程に立ち現れる一連の不正義は，被災地に偶然生じた不幸なできごとではない．それは，ある意味では合法的・合理的な政策上の意思決定とその連鎖がもたらした，必然的帰結である．再定住誘導システムに宿る，こうした連鎖の構造を断ち切らない限り，"追い出し"と"置き去り"は繰り返され，移動と孤立のリスクは膨張し，住む力の回復経路は途絶する．東日本大震災あるいは将来の被災地において，このシナリオを再現してはならない．復興過程で漂流を続ける多数の不安定居住の存在は，その重い警告であるように思える．　[田中正人]

●参考文献

青砥穂高ほか（2006）「新潟県中越地震による中山間地域集落からの世帯移転の要因と世帯移転が集落コミュニティに及ぼす影響に関する研究」地域安全学会論文集，(8)，155-162

木村玲欧他（2001）「阪神・淡路大震災のすまい再建パターンの再現—2001年京大防災研復興調査報告」地域安全学会論文集，(3)，23-32

越村俊一（2006）「津波防災対策としての高地移転と土地利用規制」自然災害科学, 25 (2), 142-145

澤田雅浩（2011）「集落の再生『中越地震被災地の再生過程をふりかえる」http://news-sv.aij.or.jp/shien/s1/0413sawada.pdf（2013.12.24 閲覧）

塩崎賢明・原田賢使（1998）「阪神大震災被災市街地における自力仮設住宅と居住実態に関する研究」日本建築学会建築経済委員会『大震災三年半・住宅復興の検証と課題』

田中正人（2007）「被災市街地の復興過程におけるコミュニティの分解と再生に関する研究―「社会的孤立」の発生要因の分析を通して」神戸大学博士論文

田中正人・塩崎賢明・堀田祐三子（2007a）「復興土地区画整理事業による市街地空間の再編とその評価に関する研究」日本建築学会計画系論文集, (618), 57-64

田中正人・塩崎賢明・堀田祐三子（2007b）「市街地復興事業による空間再編システムと近隣関係の変化に関する研究」日本建築学会計画系論文集, (618), 65-72

田中正人・塩崎賢明（2008）「用途混在地区の復興区画整理事業における転出実態とその背景」日本建築学会計画系論文集, 73 (629), 1529-1536

田中正人・宮崎祐介（2009a）「被災離島集落の復興事業による空間特性の変化と生活への影響に関する研究」地域安全学会論文集, (11), 329-338

田中正人・高橋知香子・上野易弘（2009b）「災害復興公営住宅における「孤独死」の発生実態と居住環境の関係」日本建築学会計画系論文集, 74 (642), 1813-1820

田中正人・高橋知香子・上野易弘（2010a）「応急仮設住宅における「孤独死」の発生実態とその背景」日本建築学会計画系論文集, 75 (654), 1815-1823

田中正人・中北衣美（2010b）「集団移転による被災集落の分割実態とその影響」地域安全学会論文集, (12・13), 463-470

田中正人（2011）「集団移転事業による居住者の移転実態とその背景」日本建築学会計画系論文集, 76 (665), 1251-1257

田中正人・上野易弘（2011）「被災市街地の住宅セイフティネットにおける「孤独死」の発生実態とその背景」地域安全学会論文集, (14・15), 437-444

田中正人・小川知弘（2012）「復興都市計画による市街地再編と居住実態の変容に関する研究」日本災害復興学会論文集, No.2

平山洋介（1998）「破壊と再生を超えて―復興住宅政策のプロセスとその意味」日本建築学会建築経済委員会『大震災三年半・住宅復興の検証と課題』

牧 紀男（2011）『災害の住宅誌―人々の移動とすまい』鹿島出版会

水谷武司（1982）「災害危険地集落の集団移転」国立防災科学技術センター研究報告, (29), 19-37

三浦 研ほか（1996）「雲仙普賢岳噴火災害に伴う災害復興住宅への生活拠点移動に関する研究―自然災害を起因とする環境移行研究, その1」日本建築学会計画系論文集, (485), 87-96

山口弥一郎（1972）『山口弥一郎選集第6巻, 日本の固有生活を求めて』世界文庫

Raphael, Beverley（1986）When Disaster Strikes: How Individuals and Communities Cope with Catastrophe, Basic Books. ビヴァリー・ラファエル（石丸 正訳）（1995）『災害の襲うとき―カタストロフィの精神医学』みすず書房

第11章
災害復興における「住む力」の再生と居場所形成

キーワード ▶阪神・淡路大震災　▶東日本大震災　▶恒久移行型仮設建築
▶居場所形成

11.1　復興過程にみる住む力の諸相

　災害は，一瞬にしてすべてを奪ってしまう．その時はじめて，今まであたり前のように存在していたものの大切さに気づかされることが多い．いわば災害は，「喪失」したものを意識化・再構築するプロセスのなかで，まちや人がもつ住む力の諸相を表出させる．

　現在，東日本大震災被災地では，再定住の困難さを抱えながらも，少しずつまちづくりが始まろうとしている．多くの被災者は家族や従前コミュニティとのつながりが継承されずに仮設住宅などでの仮住まい生活が長期化し，原発事故にともなう県外避難や高台への集団移転など従前地域からの転居を余儀なくされている．

　阪神・淡路大震災の経験によって，再定住のプロセスに関して仮設市街地などの段階的なまちづくりの重要性が唱えられたが，東日本大震災では，災害特性や施策的判断などを理由にその教訓をいかしきれていない地域も多い．行政，被災者，そして専門家や支援者など，各々の立場によって復興に対する時間軸がちがうことが課題である．

　本章では，東日本大震災の復興において，時間・空間・関係性をデザインする「居場所」づくりの実践事例を取り上げながら本書のテーマに迫る．

11.2　阪神・淡路大震災の応急期から復興期に至るプロセス

　東日本大震災は，災害特性，被害状況や地域性などが他の災害とは大きく違うことから，一概に阪神・淡路大震災と比較することは難しい．東日本大震災は発

生が昼間であったため「家族搜索」が必要であったこと，津波による壊滅的な被害によって避難や復興場所に困難をともなうこと，そして放射能被害を受けた地域があることに大きな違いがある．ただし，災害事象やその後の復興プロセスにおいて表出する人間の精神状態やふるまい，社会の動きについては共通性がある．したがって，阪神・淡路大震災における避難生活からはじまる住まいの復興プロセスを振り返ることは，東日本大震災の復興にとって重要である．

そこで，阪神・淡路大震災発生時からの被災者支援の流れを整理してみる．第一フェーズは，緊急・応急支援の段階で，とくに命を守る活動としての安否確認や救急活動が主となる．第二フェーズは，応急から復旧にむけた避難生活がはじまる段階で，支援については避難生活の質を上げていくことが必要な時期になる．その後，仮設住宅への移行に際して，次の展望を見すえたうえで，生活の質をどう担保するかということが求められていく．被災による「うつ」的反応，精神的落ち込みなどの反応が被災者のなかで出てくることから，医療，教育，福祉，住まい等，さまぎまなテーマを統合しつつ，避難生活のQOL（生活の質）を向上していくような支援が求められる．第三フェーズは復旧・復興支援の段階である．復興に向けて「展望をもてる参画のプロセス」が非常に重要である．なかでも，避難生活からの環境移行をどのように進めるか，復興に向けたプロセスに被災者がどのように参画できるかが問題である．「被災者支援」という枠から就労・仕事につなぐ「生活再建支援」への移行が肝要である．またこの時期は，災害公営住宅への入居やまちづくりの段階に入り，生活再建とまちがともに復興していくプロセスが求められる．

図11.1は筆者が作成した阪神・淡路大震災における避難の経緯と状況を示したフロー図である．地震発生時から避難所，待機所，応急仮設住宅，恒久住宅，そしてまちづくりという流れのなかで，こぼれ落ちていく人の状況を示している．応急住宅（仮設住宅）に行けない，行きたくない人が，いわゆる「復興のプロセス」からこぼれてしまい，以前の住まいの近くで生活再建できる権利を守るような運動への動きを描いている．

図にある波線は，支援を通じて感じ取った被災者の復興にむけたモチベーションのバイオリズムを表している．災害によって，被災者は極度のストレスを受けるが，被災直後は精神医学的に「ユートピア現象」とも呼ばれる気持ちが高まる時期がくるといわれている．自らは命を守る行動を取りつつ，一方で，他者のた

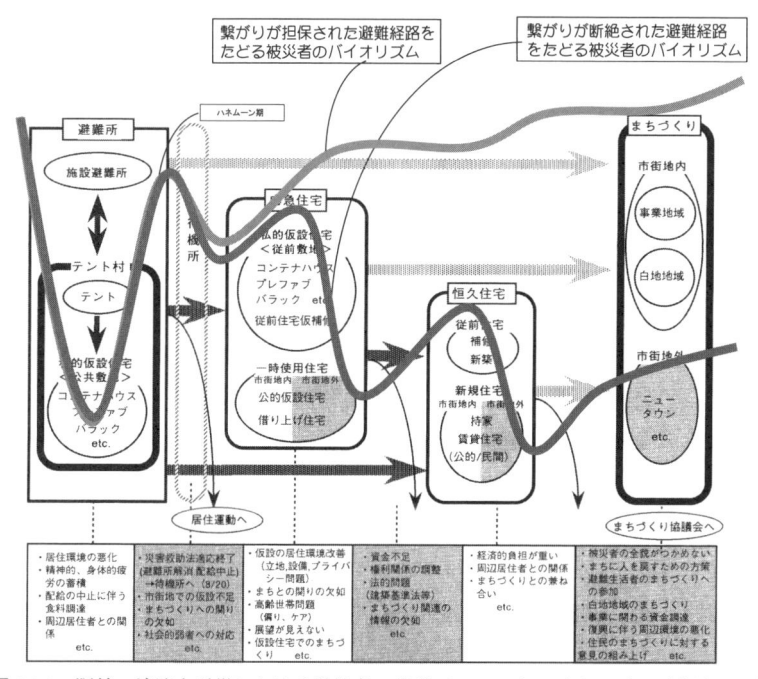

11.2 阪神・淡路大震災の応急期から復興期に至るプロセス　　　　141

図 11.1　阪神・淡路大震災における避難者の復興プロセスとバイオリズム（寺川 1995）

めにつくす気持ちが高まる時期である．避難所に自治会ができ，相互協力をして避難生活を送る時期にもあたる．次の段階は，応急住宅に移行するが，阪神・淡路大震災では避難所で一緒に避難生活を過ごしてきた人が同じ公的仮設住宅に移れない状況が起こった．つまり避難所の人びとが個別に仮設住宅に入居したことで，再度被災者間でコミュニケーションを深める活動が必要とされた．しかし，ようやく知り合いになった頃，多くの被災者は恒久住宅としての災害公営住宅などに移ることになり，ここでまたゼロからコミュニティをつくらねばならない状況に追い込まれた．このように，関係の断絶が被災者の復興意欲を削ぐことになるため，図に示すモチベーションの波のように，被災者の頑張りによって高まってきた関係性や復興にむけた努力，気概を次のフェーズにつなげていくことが大切である．

　精神医学者のビヴァリー・ラファエル（1989）は，先に述べたユートピア現象の後に訪れる「うつ」の時期を，どのように過ごしていくのかも大事であるとし，そのときに必要なのが，「整理の機会」だとしている．その場所で何かを探

す作業を含め，失ったものを埋め合わせる「機会」が，当事者の復興に対する現状理解と生活再建にとって非常に大事だという．関係性やつながりを断ち切られたままの環境移行は，生活再建を非常に遅らせ，次の被災を生んでしまう．この教訓を災害復興でどういかしていくのかが重要である．

11.3 見えない震災としての東日本大震災

東日本大震災の一つの特徴は，被災地外への避難世帯が多いことである．避難者らの所在施設別の推移を図 11.2 に，民間賃貸住宅の借上げによる応急仮設住宅入居戸数の推移を図 11.3 に示す．仮設住宅の建設戸数は，阪神・淡路大震災とあまり変わらないものの，民間借上住宅は約 6 万 7,000 戸に及び，直接供給型のプレハブの応急仮設住宅よりも多い．被災直後の避難生活の後に，行政が借り上げる民間賃貸住宅や公営住宅および親族・知人を頼って行う二次避難（注 2）は 2011 年 7 月時点で 10 万 7,000 名を数え，それらは被災地の隣接県と都市部に集中している．住宅そのものの喪失，行政による建築制限，そして原発事故などによって移転を余儀なくされることが多く，二次避難者の情報はきわめて限定的であり，またふるさとと避難地の間で揺れ動く避難生活は深刻な状態にあることが推測される．受入先地域の対応も含め，「見えない震災」状態に注視し続ける必要がある．

とくに復興過程における現在の大きな問題は，「見えない」被災者への視線が少ないことである．2013 年 9 月時点で孤独死や PTSD（心的外傷後ストレス障

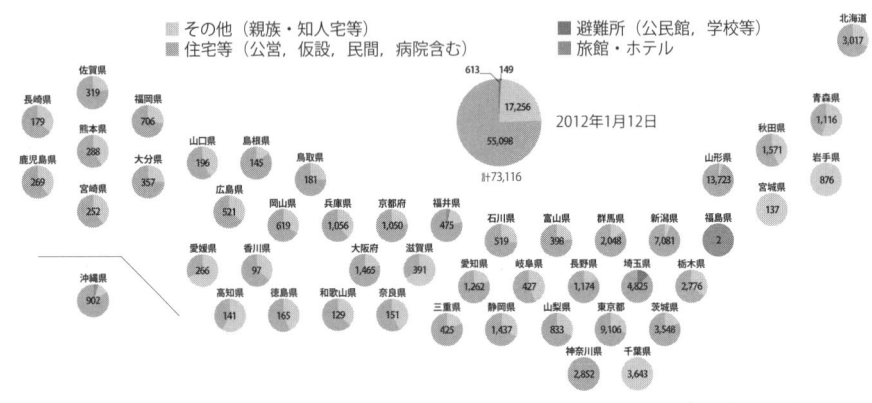

図 11.2 避難者らの所在施設別の推移（2011 年 11 月 17 日～2012 年 1 月 12 日）

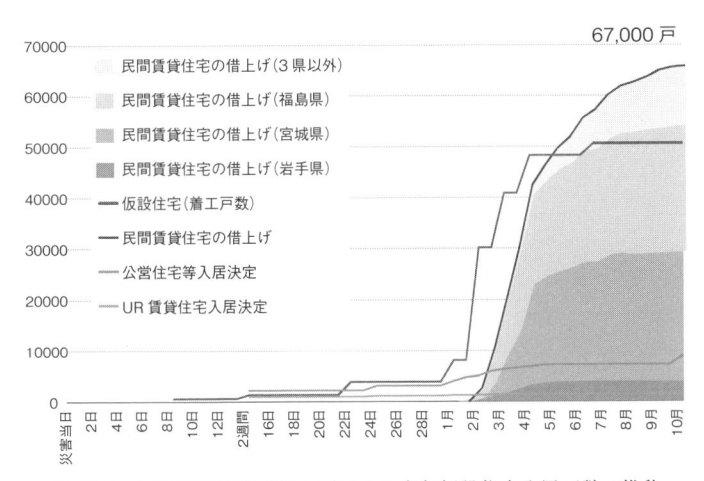

図 11.3 民間賃貸住宅の借上げによる応急仮設住宅入居戸数の推移
（内閣府資料より作成）

害）による震災関連死は1都9県で2,915人である．また，女性や妊婦，ひとり親世帯，在日外国人，震災孤児，高齢者，障がい者，原発事故避難者・作業員，民間借上賃貸住宅避難者などの見えにくくなっていく被災者がいる．とくに福島県の原発事故にともなう避難世帯については，被災地内外を問わずに，さまざまな関係性を分断する「福島差別」と呼ばれる事態が深刻化しており，具体的な手立てが必要とされている．そのため今後の復興においては物理的な建築物をつくるだけではなく，地域における人々の関係性を，被災者，行政，支援者と一体となってサポートしていくコミュニティアーキテクトの役割がきわめて重要である．

11.4 被災地にみる住む力を高める居場所づくり

以上のような問題意識のもとで，初めて被災地において住む力を高める漸進的活動として展開する「居場所」づくりの実践を報告する．

1) 民間提案型仮設建築による居場所づくり

東日本大震災では，応急仮設住宅が897地区で52,129戸建設されたが，その多くがプレハブ型である．政府は，被害の甚大さを踏まえ災害救助法の弾力運用によって比較的柔軟に対応したが，設置場所や入居方法，設備上など多くの問題

を抱えている．また，プレハブ型の応急仮設住宅の建設単価は，撤去費用も換算すると，1戸あたり約700万円（2012年4月時点，厚生労働省調べ）が必要であるなど，ハード面・ソフト面の課題が指摘されている．これに対し被災地では，地域性やコミュニティの関係性を維持して孤立を防ぐような居場所づくりが必要であるとの考えから，さまざまな「民間提案型仮設建築」（以下，民間仮設）のプロジェクトが実践されている．なお，福島県では応急仮設住宅の早期の供給，県産材の活用などを目的として建設事業者の公募が行われたが，ここではこれらも民間仮設に含める．

表11.1は民間仮設の多様性を示している．おもな特徴は，用途が多様であること，素材・工法のバリエーションが多いこと，応急期から恒久期への漸進性・移行性を備えていること，大学や建築家，建築業者など多様な提案主体がいること，建設方法が異なること，地域再生・まちづくりへの視線がみられること，テーマ性が豊かであることなどである．これらの実践をみたとき，画一的でなく，漸進的なプロセスを大切にした民間仮設に，人やまちの自立的な再建の可能性を感じる．

表11.1 民間提案型仮設建築の多様性

用途	住宅　集会所　ケア施設　作業所　店舗　事務所　診療所　ギャラリー
素材（工法）	木（在来工法，ログハウス工法，ドームハウス工法，板裏工法） 竹　鉄骨　プレハブ
設置期間	緊急・応急的（仮設）　漸進・移行的　恒久・耐久的
提案者	専門家（大学，建築家，建築業者など）　支援者 地元（被災者，地域コミュニティ）
建設者・施工者	ボランティア　セルフビルド　地元業者
規模	単独建築　仮設住宅団地
地域・住民への配慮	地域住民への配慮（建築と大工の技術継承，地域材の活用，産業復興，地域事業による雇用創出） 地域環境への配慮（エコ，ロハス，パッシブデザイン） 仮住まい環境への配慮（バリアフリー，居場所づくり，高齢者対応）
建築のタイプ	環境移行型（増築，積層，移動，移築） 規格型（ユニット，システム，オープンソース）
事業のタイプ	アート　コミュニティ　ファンド

2）恒久移行型仮設による居場所づくり

「大槌町で被災した鍼灸院を一時的に再建し，被災した方の居場所をつくりたいのですが，アドバイスいただける人はいませんか」仙台市の食堂で日本福祉大学の穂坂光彦教授にかかった電話は，ゼミの社会人大学院生でNGOとして被災地支援にかかわっているY氏だった．偶然にも教授の横に，同じゼミ生で大槌町出身の理学療法士M氏が同席していた．筆者は震災直後に穂坂教授と「支援」について議論し，これから復興過程で起こるだろう「つながりの断絶」に対するシステムを検討していたところであった．この偶然の出会いが「大槌町健康サポートセンター」事業につながった．

日々避難所で被災者に施術していたS鍼灸師は，「整理の機会」と，再びつながるための「居場所」の必要性を痛感していた．「プレハブの仮設ではまた壊さないといけないし，生活再建としてつながる居場所をつくりたい」という思いを受けて，恒久移行型建築の仕組みを導入した．当初の建設資金の多くはNGOが拠出し，診療所と居場所の鉄骨2ユニット（2,540×6,340）をL型につなぎ合わせる計画で，利用状況に応じて増改築しやすい仕組みを取り入れた（当初は仮設申請，移設時に本設申請）．診療所の運営状況によって，数年後に敷地が決まった段階でこのユニットを最終的に買い取って移設することを検討した（図11.4，

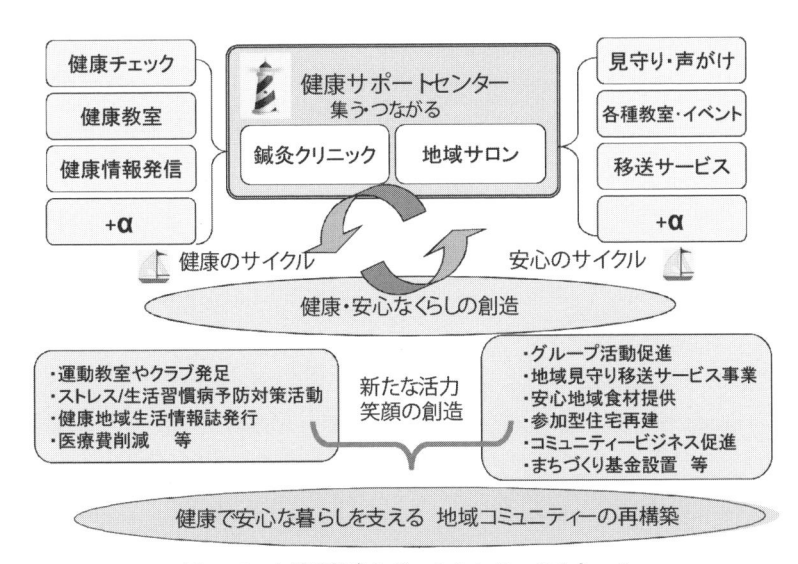

図11.4 大槌町健康サポートセンターのスキーム

11.5）．本事業の主眼は，被災地域事業としての持続性の確保にあった．建設は地元の建設組合が担い，地元の高校生や筆者のゼミの学生もボランティアとして参画した（2011年10月27日着工・2011年11月30日竣工，工事費約600万円）．運営はNGOが地元メンバーを雇用して実施した．この拠点は被害の大小にかかわらず被災者が集まる数少ない居場所となった．健康サポートと居場所の2つの機能をもつことで，生活再建と関係性再建を有機的につなげる契機にもなった．当初より，地元メンバー主体の運営をめざしていたことから，復興のために東京から故郷に戻ってきた一級建築士にその事業を引き継ぎ，当事者組織としてNPO法人「つどい」を2012年11月に設立し，12月よりセンターとして開所した．2013年7月末に借りていた土地を明け渡すことになったため，ユニットはS鍼灸師が所有する土地に移動し，運用されている．拠点を築くことにはひとまず成功したものの，このような用地確保の問題や，運営の難しさから，増築や運

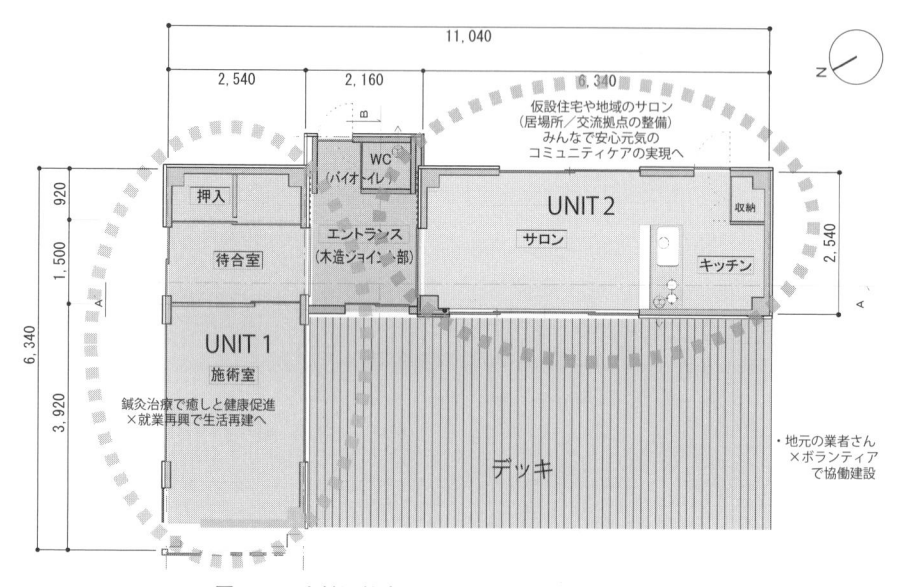

図11.5　大槌町健康サポートセンターの平面プラン
・低廉で簡易なコアユニットを制作して住みながら改築
・生活復興とともに成長し（借上・譲渡可）恒久住宅や店舗に（移動可）
・他用途（工場や商店街，災害公営住宅，公共施設等）として再利用可
・被災地雇用創出（地域企業・地域資材の活用，コラボレーション）
・コミュニティ単位のまちづくり＋コミュニティケアの計画
　→医療＋集会所型支え合いセンター

3) 既存住宅ストックを活用したコレクティブハウジングと居場所づくり

「今，福島から子どもとお母さんをバスに乗せて関西に避難させるから，家を探してほしい」という筆者への電話は，神戸でテント村避難所の支援をしていたNGO メンバーからであった．原発事故にともなう放射能被害からの避難という火急を要するなかで，福島県からの避難者に対する受け入れ支援がはじまった．大阪府豊中市で木造賃貸アパート経営をしている家主に協力を仰いだ（図 11.6）．一般的に家主は，問題を抱えた居住者を忌避する傾向があることから一般社団法人 CMA がサブリースし，緊急雇用による被災者就労支援付住宅事業として，空き家をコレクティブハウジング（注3）として提供することになった．

事業が実際に動き出したのは受け入れ支援を始めてから1年が経過した2012年6月で，当初予定の母子世帯ではなく，福島から単身女性3名と気仙沼の男性1名が居住することとなった．県外避難者支援組織「福島フォーラム」のメンバー2名，大槌町の地元NPO 事務局長の7名が事業に参画した．先の見えない福島では，被災地内外，ふるさと，家族の間に，複雑に入り組んだ断絶があり，精神的限界を当事者間の相互扶助で乗り超え，地域とのつながりを取り戻し始め

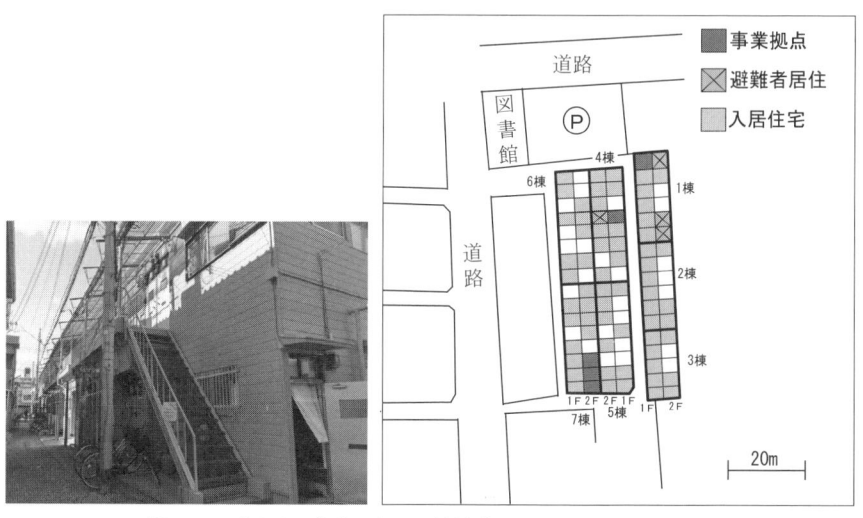

図 11.6　豊中市の住宅ストック活用型コレクティブハウジング
　　　　左：事業用木賃アパート，右：事業拠点と入居状況．

た．また，生活再建に向けて，故郷の味を提供する店舗を開設した．そこは被災者の新たな居場所となった．その後，関西圏の避難者が主体となっている支援組織へのヒアリングを実施したところ，「個人情報保護」の壁が高いことから十分なネットワークが構築できていないこと，地域コミュニティとのつながりが希薄であること，先がみえないことによる精神的不安や被災地に残す家族の健康面などが，2年半が経過した時点での大きな課題としてあげられた．一方，支援の形も少しずつ変化しており，Jターンをめざす復興住宅事業に乗り出す組織も現れてきている．

11.5 災害復興におけるコミュニティアーキテクトの役割

　阪神・淡路大震災では，つねに「被災者」として支援を受け続けることの辛さが問題となった．一方通行の関係は，被災者もしくは地域の自立性と主体性の創出に寄与しないこともある．「与える」・「与えられる」関係から脱却し，インターエンパワーメント（注4）ともいえる相互浸透型の関係構築が重要である．

　たとえば，県外の二次避難者による，豊中での被災者の語り部経験交流会は一つの関係性の再構築になり（被災地から一時離れるという点でも），被災地以外で被災者を受け入れる際にも，単に住宅をあてがうだけでなく，支援を通じて受け入れコミュニティの地域力を高める展開も可能であろう．

　被災者と支援者の相互関係を築いていくうえでコミュニティアーキテクトは重要な役割をはたす．阪神・淡路大震災や東日本大震災という震災復興におけるコミュニティアーキテクトとしての活動は，コンサルタントと設計管理業務を基本としながらも，実態は居場所づくりによる就労支援，カウンセリング，不動産開発，商店街の法人化，起業支援などの多様な分野に及んでいる．それぞれの支援に専門的職能を発揮するというよりも，現場のつぶやきにある潜在的な可能性や被災者の要求をつかみとり，それを具現化していくことをめざした．

　災害復興の現場においてコミュニティアーキテクトのはたす役割と態度をまとめると，以下のように整理できる．第1に，現地主体の持続的活動を尊重したこと，第2に筆者が関西でかかわりのあったまちづくりの関係者と被災地の関係者をつないだこと，第3に被災者と支援者の枠を超えたWIN-WINの関係構築をめざしたことである．コミュニティアーキテクトとは，「当事者が動くのを待つ」ことでも「専門的提案を示して当事者を導く」ことでもない．求められるのは現

場に寄り添いながら，多様な関係者が相互浸透する「居場所」をつくる技術である．

[寺川政司]

注1　当時は，仮設住宅が建設されるまでの時間を埋めるために「待機所」という避難場所が設置されていた．
注2　二次避難とは，災害後すぐに避難した既存施設の場所から，応急仮設住宅などの避難施設への避難をいう．
注3　コレクティブハウジングとは，個人や家族のプライバシーのある生活を基本に複数の世帯が日常生活の一部を共同化して生活の合理化を図り，共用の生活空間を充実させて，居住者自身が住コミュニティをつくり育てていく住まいをいう．
注4　インターエンパワーメントとは，エンパワーメントという言葉に相互関係を組み込んだ概念で，日本福祉大学の穂坂光彦教授が提唱した．

● 参考文献

寺川政司（1995）「神戸テント村からの報告」住宅建築，1995年10月号．
Raphael, Beverley: When Disaster Strikes: How Individuals and Communities Cope with Catastrophe, Basic Books, 1986. ビヴァリー・ラファエル（石丸　正訳）：災害の襲うとき―カタストロフィの精神医学，みすず書房，1989；新装版，1995

第12章
住宅復興における「住む力」と主体形成

キーワード　▶住宅復興　▶住宅再建補助　▶地域住宅復興
▶ハリケーン・カトリーナ災害　▶ジャワ島中部地震
▶東日本大震災　▶クラスタリング住宅復興

12.1　住宅復興の担い手

　災害で破壊された地域生活空間を回復させ，被災者の生活再建をはかっていくためには，人間の生活基盤となる住宅復興が重要となる．住宅復興のかたちに影響を与える要素の一つとして，誰が住宅復興の担い手になるか，という点がある．本章では住まい手の住む力をいかすかどうか，という基準によって住宅復興を分類し，それらの類型ごとに具体例を合わせて示し，その特徴と課題について論じる．大きくは，「住む力をいかす住宅復興」と「住む力をいかさない住宅復興」の二つに分類できるが，前者はさらに，個人の住まいを対象として個人が行う住宅復興と，地域住民たちが地域の住宅ストックを創出する"地域住宅復興"に分類することができる．本章では日本，インドネシア，米国での被災地の事例をもとにして，三つの住宅復興の特徴を概観し，とくに地域住宅復興に着目して，その有効性と必要性について検証する．これらの経験をもとにして，東日本大震災の被災地で求められている住宅復興のかたちについて論じ，今後の広域巨大災害に備えた住宅復興のあり方に必要な視点を提示する．

12.2　住宅復興における住む力

　住宅復興とは災害によって生活基盤である住宅を失った被災者が，それを取り戻していく過程である．自らの生活基盤をそのよさをいかしながら修繕する，また，地域とのつながりを保ちながら住まいを取り戻すために取り組もうとする意欲が，住宅復興において被災者が発揮する住む力である．住む力は平時において

人間が生きていく過程で養われていく力であるが，それを災害という非常事態が発生した際に，発揮して住まいを取り戻していくことができるように支援をしていくことが被災社会では必要である．しかし後述するように，行政による住宅復興政策や非営利組織などによる住宅供給支援の方法には住む力をいかしきれていない事例も少なくない．災害によって人間は自らの財産である住宅や家族の命，仕事を失うなどして普段の生活が破壊される．この破壊によって住む力を発揮できない環境におかれる，また十分な支援がなされないがために住む力を発揮することができなくなる．第10章で田中が示したように，住む力には外在的な要因も大きく作用する．

以下では，三つの住宅復興の類型について，それらの特徴とメリット・デメリットについてみていくことにしよう．

12.3　住む力をいかさない住宅復興

住む力をいかさない住宅復興とはどのようなものか．わが国における災害公営住宅の供給の手法がある．これは住宅再建能力がない被災者に限定して，ハコとしての住宅を直接的に「与える」手法である．再建能力がないというのは，資金的余裕がないという意味であり，必ずしも住む力がないわけではない．また，開発途上国で災害が発生した際に，外部支援者としての非政府組織が，住宅を失った被災者に対して無償あるいは低廉な価格で住宅を提供するのもこれと同じ手法である．

非営利組織による住宅供与

開発途上国に限らず先進国においても非営利組織による住宅供給は数多く展開されている．図12.1は米国ハリケーン・カトリーナ災害の被災地ニューオリンズ市で，俳優ブラッド・ピットが出資して設立された非営利組織によって供給された環境配慮型の住宅である．この地域は低所得者が多く暮らす住宅地で，同市内で最も大きな被害を受けたエリアの一つである．災害前には見たこともなかったような，屋根にソーラーパネルが設置されている高床式の住宅が立ち並ぶ光景がそこにはある．住宅を再建できない弱者として住まい手を扱い，彼らに対して住宅を与えることで彼らを救おうとする．住まい手たちが災害前に住んでいた住宅のよさをいかして住宅を修繕・再建する，地域とのつながりを保ちながら住ま

図 12.1 米国ハリケーン・カトリーナ災害の被災地ニューオリンズ市
（2010年，筆者撮影）
俳優ブラッド・ピットが出資して設立された非営利組織によって供給
された環境配慮型の住宅.

いを取り戻していくという意欲を置き去りにする，住む力を発揮できない住宅復興の手法である．

日本の災害公営住宅の供給

　日本における災害時の行政による住宅復興施策の代表的なものは，災害公営住宅の供給である．住宅というハコを与える，あるいは低廉な家賃で居住できるようにする，ということは，自らの力で住宅を取り戻すことができない低所得者や借家人の資金的な負担を小さくして居住の安定化を図るという意味では有効である．また，短期間で大量のストックを供給できること，一定以上の水準の住宅ストックを供給することなどの点においては，それなりの利点をもち合わせた手法である．しかし一方で，多くの弊害がある．

　阪神・淡路大震災では多くの災害公営住宅が供給されたが，その課題として，コミュニティの崩壊，社会的弱者の集中，住宅ストックの管理などの問題に加えて，「避難所→応急仮設住宅→災害公営住宅」という単線型住宅復興という課題があった．すなわち，被災者によって利用可能な選択肢が乏しいこと，そして公営住宅の対象とならない中間所得層は支援を欠いたままで自力再建を余儀なくされること，この2点が阪神・淡路大震災の住宅復興の失敗である．神戸で達成された住宅復興の多くは，行政の支援をほとんど受けない被災者たちが，二重ローンを抱えた苦しい生活のなかで住宅再建を図った結果なのである．

　阪神・淡路大震災のある災害公営住宅では，団地の住棟間の中庭に入居前から

住民に集まってもらい，だんだん畑をつくるという試みを通じて，コミュニティ形成と居住環境形成への参画をねらった活動が行われた．これは阪神・淡路大震災の復興まちづくりを支援する専門家たちが，居住者たちの住む力をいかそうとした事例であり，ハコとしての住宅をあてがう公営住宅供給方式を補完する役割を果たした．

住宅復興の担い手になることができない借家人

阪神・淡路大震災における兵庫県内の災害公営住宅の入居者の45％は借家人であった（檜谷2005）．相対的に持ち家を所有している世帯より借家人の多くが公営住宅に入居することができた，とみることもできるが，一方で，借家人はそれ以外の選択肢をもちえなかった，と捉えることもできる．借家人は所得の低さゆえに，借りることができる賃貸住宅の幅が狭い．さらに，被災前には低家賃であった民間賃貸住宅は，再建されても一般的に家賃が値上げされるため，借家人たちが建て替えられた住宅に住み続けることはほぼ不可能である．これは阪神・淡路大震災の被災地だけに限った話ではない．世界の住宅復興においても借家層に対する住宅復興の施策は非常に限定的であるという共通の課題がみられる．借家人の住宅復興をどのように支援していくかも合わせて検討すべき大きな課題である．

12.4　住む力をいかす個人の住宅復興

個人の住む力をいかす住宅復興の最も簡単な方法は，被災者自身が住宅復興の担い手になることである．しかし，平時において市場重視の住宅政策を展開している日米では，これが災害時にも適用されるため，個人の住む力をいかすための公的支援は手薄である．

日本における個人の住宅再建に対する公的支援

日本では私有財産に対して税金を投入することへの抵抗はいまだに強く，被災者が住宅復興の担い手になるためのサポートが少ない．災害時の住宅復興においても被災者の自力による民間建設が基本であり，平時における国の住宅政策の形が災害時にも適用されている．

具体的に，阪神・淡路大震災の時に民間の持ち家および賃貸住宅に対して，ど

れぐらいの支援が行われたのかを見てみよう．持ち家層に対する住宅再建に対しては復興基金による個人住宅融資利子補給がある．5年間で18,251戸に対して総額約197億円が支給されている（兵庫県2000）．しかし，これを1戸当たりの金額として算出すると平均108万円であり，住宅再建にかかる費用に対して非常に少額の支援にとどまっている．借家層に対しても復興基金による家主を対象とした民間賃貸住宅家賃補助が行われたが，持ち家層によるものと同様に非常に手薄である．5年間で計84,040戸に対する家賃補助総額251億円が投じられているが，1戸あたりにすると30万円にすぎない．公営住宅という公的な主体が所有する住宅1戸あたりに費やした金額と，私有財産としての住宅に対する支援にはかなりの格差がある．

阪神・淡路大震災の被災者による運動を通して，「被災者生活再建支援法」が成立した．当初は住宅本体の建設へ活用することはできなかったが，2007年の改正でそれが可能となった．この拡充に加えて重要なことは，神戸の震災5年後に発生した鳥取県西部地震（2000）を皮切りに，その後の被災地で地元の自治体が設けた独自の被災者に対する住宅再建支援の仕組みがつくられた点である．鳥取県西部地震では当時の片山知事が国の反対を押し切って，県独自の施策として住宅再建に300万円の支援金を支給したことが大きな反響を呼んだ．また，被災者生活再建支援法改正の効果が表れたのが能登半島地震（2007）であった（塩崎2009）．国の支援金300万円に加えて，石川県と輪島市が独自施策で100万円の上乗せ支援金を用意し，これに義捐金の配分170万円が加わった．これ以外にも，復興基金を使って取り組まれた「能登ふるさと住まい・まちづくり支援事業」では最高200万円が補助された．今日の東日本大震災の被災地でも県や市町村は復興基金を活用して独自の住宅再建支援制度を実施している．このようにわが国では，阪神・淡路大震災の経験を経て制定された被災者生活再建支援法や被災自治体による住宅再建に対する独自の上乗せなどによって，少しずつではあるが民間の住宅復興に対する支援は拡大しつつある．

米国における個人の住宅再建に対する公的支援とロードホームプログラム

　日本と同様に米国でも平時における市場原理を基礎とする持ち家政策が災害時にも適用される．連邦政府による住宅再建にあたっての貸付金はあるものの，低所得者が支援を受けにくいという点が多くの既往研究で指摘されている．収入が

低く，民間保険への加入率も低く，政府からの補助も受けにくいという三重苦によって，低所得者の住宅再建は困難になるメカニズムがそこには存在している．

2005年に発生したハリケーン・カトリーナ災害では，大規模な財政支出をともなう住宅補償としてのロードホームプログラムが用意された．このような全米史上最大の住宅再建支援が決定された背景には，ハリケーンという自然現象だけではなく，米国陸軍工兵隊が建設・管理を行う堤防が決壊したことによって大きな住宅被害が発生したこと，浸水地域が全米洪水保険プログラムにおける氾濫源の外にも及んだことがある．

この民間の持ち家に対する住宅再建支援は有効に機能したのだろうか．否である．さまざまな課題が現れた．まず，この制度は住宅再建支援ではなく「住宅補償」であるため，補償金は住宅被害の大きさに加えて，従前の不動産価値によって決まる．それゆえ，住宅被害が同じである場合，不動産価値が低い住宅で暮らす低所得者層に対する支援が少なくなる結果を引き起こす．不動産価値は個人の社会的階層，人種，収入などによって規定されるものであり，相対的に低所得者が多く，マイノリティたちが暮らしている地域では住宅再建の進捗は遅れていることが，筆者の現地調査で明らかになっている（近藤 2012）．また，補償金を受け取れたとしても，悪徳な住宅建設業者がそれを目当てにして被災地に集まり，相場よりもかなり高額な金額で再建や修繕を請け負うケースが頻発し，不十分な工事が行われたり，被災者の負担が増大したりするという事態が発生した．ハリケーン・カトリーナ災害の被災地で行われた大規模な住宅再建支援は，個人に対する住宅再建支援だけでは地域の復興に直結しないこと，支援金の支給後の被災者に対するサポートや建設業者への指導などがないと資金が適切に活用されないという教訓を私たちに教えてくれた．被災者個人の住宅再建にお金を与えるだけではなく，まちづくりや支援金の運用などの側面からサポートする体制が欠如していたのである．

このようにハリケーン・カトリーナ災害の被災地においては，例外的に政府からの大規模な住宅再建に対する資金が投入されたが，将来の災害に備えた持続可能で安定的な住宅再建支援の仕組みは米国にもまだ存在していない．ただ，日本と異なるのは個人の保険加入による災害リスクの回避が進んでおり，これが被災者の住宅再建に対する大きな原資として機能している点である．被災者による住宅再建には行政による公的支援だけではなく，個人の備えも合わせて充実させて

いく必要があるといえる．

12.5　地域の住む力をいかす地域住宅復興

　第三の道として，地域住民が主体となって住まい手たちの住む力をいかして地域の住宅ストックをつくるという方法がある．個人が自分の住宅再建だけを考えるのではなく，個人が集まって自分たちの住宅をどこに再建するか，どのような住宅ストックを再建するかをみんなで考える手法である．個人の住宅再建の行動だけでは，地域の復興につながらないこと，逆に地域の復興と一体的に進めなければ個人の住宅再建の意思決定すらできないことは，ハリケーン・カトリーナ災害の被災地からの教訓でもある．

　地域の住宅ストックという時，地域住民組織で構成される住宅組合がそれら住宅の所有者であるという意味ではない．米国のように地域に根差したコミュニティ開発法人が住宅の所有者になることもできるが，必ずしもその必要はない．地域で行う復興まちづくりでは，私有財産である住宅の再建ではなく，公園やコミュニティ道路や，復興事業にともなう土地の移転などについて話し合われるが，この話し合いのテーマが，地域のなかでの被災者個人の住宅再建にまで及ぶ時，筆者はそれを地域住宅復興と呼んでいる．地域による住宅復興は，コミュニティの空間や社会的な環境の持続可能性を確保する上で非常に有効である．地域に留まりたいと思っている住民たちが，戻ってくることができるような住宅ストックを創出することによって，被災者が地域に継続的に居住して生活の連続性を保つことができる．つまり，住まい手たち自身が地域の住まいのつくり手になることによって，彼らが望む住宅復興の形を実現することが可能になるのがこの手法の強みである．

相互扶助による地域住宅復興：インドネシアのジャワ島中部地震（2006）
　インドネシアのジャワ島中部地震（2006）の被災地では，はじめに小さな住宅を建てて仮住まいし，徐々に拡大させていくという「コアハウス」による住宅復興が展開された（図12.2）．コアハウスは，もともと低所得者層を対象とした住宅政策として30年前から取り組まれてきたものであり，これがジャワ島中部地震のカソンガン村の住宅復興に適用された．コアハウスは被災者の移動をともなわず，それによって大きな環境の変化を起こさずに，自分たちで徐々に住宅を増

図 12.2 ジャワ島中部地震の被災地カソンガン村におけるコアハウスによる住宅復興（2009 年，筆者撮影）
左写真の前面部分がコアハウスで，後方部分が居住者が増築した部分．

築させながら生活を継続させることができるという点で，個人の住む力をいかした住宅復興として見事にそのコンセプトが具現化された好事例である．

しかし，ここで強調したいのは，コアハウスの地域住宅復興としての側面である．カソンガン村では，地域の相互扶助「ゴトンヨロン」によって，地域の人びとが暮らす住宅ストックをつくった．被災者個人ではなく，地域内の住民が集まって組織を形成するなどして，共同で住宅復興に取り組んでいる．その仕組みは以下のとおりである．

政府による住宅復興支援金はポークマスという地域で形成するグループ単位（1 グループ 15～18 人で構成）に給付し，同組織を経由した後に，個人の手に渡る．ポークマスの構成（世帯選択と世帯数）や再建支援金の分配方法はコミュニティに委ねられた．地域で自力建設をして汗をかけば，より多くのストックがつくれると地域で考えて，そのような住宅のつくり方を地域で決定した．まさに，地域による住宅復興である．

12.6　ハリケーン・カトリーナ災害における地域住宅復興

ここでは前節の地域住宅復興の例として米国のハリケーン・カトリーナ災害を事例としてもう少し詳しく考えてみる．

超巨大広域災害では地域力が地域復興の鍵を握る

ハリケーン・カトリーナ災害の住宅復興の教訓の一つは，州政府による個人に対する住宅補償は，必ずしも地域全体の復興には直結しなかったことである．そ

図 12.3　ニューオリンズ市における「放棄住宅」（2010 年 9 月，筆者撮影）

れが現場に象徴的に表れているのが，再建を断念した住宅がそのままの形で放置されている「放棄住宅」の多さとその点在である．放棄住宅とは建築的な面から居住不可能な住宅で，かつ居住者不在のものを指す（図 12.3）．このような不動産の存在は地域の住環境や治安の悪化を招き，地域住民の帰還や新たな住民の転入を阻害している．被災地ニューオリンズ市では再建される住宅は経年的に増加しているものの，放棄された住宅や空地が点在する「まだら復興」という状況を引き起こしている．

被災者はお金があれば地域に戻って住宅を再建して生活を回復できるわけではない．生活するためには子どもたちが勉強する学校，とくに高齢者たちが必要とする病院や診療所，公共交通機関の回復，保育所の再開など，さまざまな社会的なインフラが必要となる．また，地域における隣人たちがどの程度戻ってくるかということも，被災者が地域に戻って住宅を再建するか否かに影響を与えるであろう．住宅だけではなく，地域のつながり，社会的なインフラなどを一体的に復興させていく戦略がニューオリンズでは欠如していた．

しかし，これを補ったのが，地域力であった．筆者が現地における地域住民組織に対して行ったインタビュー調査では，彼ら（彼女ら）は災害直後から地域住民の名簿や災害前から使っていたメーリングリスト，携帯電話番号などを活用して，互いに連絡を取り合い，地域に先に戻った人たちが，避難している人たちに情報提供を行っている．地域がどのような状況なのか，住民たちは地域に戻ってくる気があるかどうか，などについてアンケート調査を行い，その結果を全米中に避難している地域住民たちに送付した地域組織もあった．まだ復興途上である

ため，断定はできないが，筆者は超巨大広域災害では地域力が個人の住宅復興と地域復興の鍵を握ると考えている．

地域住宅復興の手段としての放棄住宅の所有権移管とストックの活用

　放棄住宅ストックの解消とその活用を通じた地域復興を進める行政の施策がある．ニューオリンズ再開発機関（以下，NORA）が管理している放棄住宅ストックを，市内の14の非営利組織に対して安い価格で転売し，それを活用した地域住宅復興を進めようとしている．

　州が所管する住宅再建支援プログラムでは，住宅所有者が補償金を受け取って現地で再建する場合と，不動産を州政府が買い取ってその補償金を元手に州内外に移転して住宅を再建する，という二つの選択肢を用意した．同市では前者を選択した被災者が約85％におよび，大部分が現地再建で進められているのだが，その残りのおよそ1万戸は所有者が州政府に売却して，それらはNORAに移管されている．また，公共の利益を鑑みて周囲に悪影響を及ぼす不動産についてはNORAが収用して復興に活用できるという仕組みを市の条例で認めている．不動産を移譲する上での条件として「コミュニティの参加」，「アフォーダビリティ（適正な負担で適正な住宅に住めること）の確保」，「土地の集約化」，「安全性の確保」，「環境に配慮した建築」をあげている．このように地域住宅復興を実現するために，地域内にある個人資産である住宅ストックを，NORAを経由し，地域のコミュニティ組織や被災地の住宅復興を支援する非営利組織に移管して，地域組織および非営利組織がそれらを住宅や生活施設に活用することが期待されている．

コミュニティ開発法人による地域住宅復興

　ポンチャートレインパーク地域では災害後にコミュニティ開発法人を立ち上げ，第一に，地域のコミュニティを再生・維持すること，第二に，ロードホームプログラムのもとで売却された地域内の住宅をすべて買い戻し，住宅を再建・供給することで人口を回復することを活動の使命としている．同組織は，市内で最も早くNORAから不動産の移管をされた組織で，今日までに94の不動産が移管されている．これらに加えて，同地域で住宅再建を断念した被災者から購入する不動産を活用して500戸の住宅供給を計画している．住宅開発によって得られた

利益はコミュニティへと還元する仕組みになっている．また，住宅を購入するための住宅ローンや各種手続きのコーディネートや資金的な支援なども開発で得られた利益を活用して行われており，被災者の総合的な住まいの回復を実現している．

また，ベトナム人が多く暮らすニューオリンズイースト地域では，教会が核となり，地域内でお金を貸し借りするコミュニティローンという仕組みをつくったり，住宅の修繕などを互いに助け合ったり，ボランティアの支援を受けるなどしていち早く人口を回復させている．行政の支援を待たずに，平時から互いに支えあって暮らしてきた力を災害時にもいかした事例である．

ブロードモア地域でもコミュニティ開発法人が地域住民たちによって設立され，NORAから移管された不動産を，土地の移転と集約を通して住宅開発を行おうとしている．新規に開発する住宅への入居基準については，収入だけではなく，地域内の学校の先生や警察官など，地域の復興に欠かせない人びとにも優先順位をつけるなどの基準を設定している．民間の投資も期待でき，少ない投資で大きな効果が期待できそうな地域を選定して，住宅開発だけではなく，商店の誘致などを含めた総合的な復興まちづくりを計画している．また，新規住宅開発だけではなく，地域住民の個人宅の修繕をサポートして，彼らが地域に戻ってくることができるような支援も行っている．このように地域の組織が主体になることで，地域を一体的に復興していく戦術を自らで用意し実行している．

このようにニューオリンズ市では，平時のコミュニティ開発法人の仕組みが機能し，地域住宅復興が展開されている．地方自治体による復興におけるリーダーシップが弱いため，地域住民に復興に取り組む力があるかないかで，地域の命運が分かれつつある．

クラスタリング住宅復興

広域巨大災害からの住宅復興では地域内に地域住民たちの住宅ストックをつくる，というだけではなく，安全かつ持続可能な空間をつくる，という視点が欠かせない．個人がバラバラに意思決定をして住宅再建をしていては，低密度の住宅地開発，中心市街地の空洞化などの負の影響を引き起こす．逆に個人が住宅を再建するためには，破壊された生きるための生活機能や人と人とのつながりを一体的に回復していく必要がある．ニューオリンズ市で実行されようとしている，不

動産の移管と集約を伴う「クラスタリング住宅復興」が地域住宅復興の一つの選択肢になりうる可能性を秘めている．クラスタリング住宅復興の主体となるのは，地域をベースとして設立する住宅組合のような組織であり，そこが被災者の不動産の移管を受けて，その不動産を再開発してアフォーダブルな賃貸住宅や商店などを供給する．クラスタリングする際には，インフィル型でかつ災害リスクを軽減する土地に移転して開発を進めるようにする（インフィル型とは，既成市街地の空き地や建物をいかした都市更新の手法である）．このようなクラスタリング住宅復興という方式は，東日本大震災の住宅復興を進めていく上で大きな示唆を与えると考えられる．

12.7 東日本大震災と住宅復興

カトリーナ災害の被災地で発生した「まだら復興」という現象は東日本大震災においても起こりつつある．筆者が災害後1年から2年の間に行った現地調査では，被災者たちが自主的に津波リスクの低い土地に移転して住宅を再建する「自主住宅移転再建」という現象がいくつもの市町村でみられた．現地での住宅再建が課題であった阪神・淡路大震災とは異なっている．津波による浸水被害を受け，将来的にもそのリスクが低そうな土地では，その希少性により地価が数倍に高騰している．

このような選択を行った被災者は，長期化が予想される防災集団移転促進事業や盛り土を伴う土地区画整理事業を回避し，早期の生活の回復と津波リスクの軽減を目的としていると考えられる．安全でスピード感がある住宅再建という意味では「自主住宅移転再建」という手法は被災者にとっては有効である．しかし「自主住宅移転再建」という現象は，コミュニティのシャッフル化，まだら復興，人口減少社会における非コンパクトタウン化というマイナスの影響を被災地に及ぼしつつある．津波リスクの軽減と引きかえに他のリスクを増大させているといえる．

防災集団移転促進事業区域の対象となった地域では，同事業のなかで被災者たちの住宅をどのように高台に移転するかについて検討が重ねられている．しかし，災害危険区域外の集落を含めて，津波と人口減少という二つのリスクに対して，地域でどのように住宅を再建するかという議論が不足している．被災地で向き合わなければならないのは，津波リスクだけではなく，人口減少社会が加速す

る地域でどのような方法で，どのような住宅ストックを創出し，どのようにして集落を空間的に再編していくかであろう．

　先に述べた自主住宅移転再建のなかには，既存住宅地を移転地としたインフィル型の事例も存在している．行政がインフィル型の住宅建設を後押しするようなインセンティブを被災者に提供して，住宅再建がバラバラに行われないように誘導していくことも可能である．また，大船渡市では，既存の集落を生かしながら，可能な限りこれまでの宅地の近くに残された空き地を活用して，その空き地に新たな宅地を差し込んでいくような形の「差込型」防災集団移転の手法を積極的に取り入れている．被災自治体が住宅再建の柱で活用としているがけ地近接危険住宅移転事業の要綱では，事業主体が土地を斡旋してもよいと定められており，これを最大限にいかしていくこともできるだろう．私たちに求められているのは，いまの被災者の生活再建と，将来に向けた持続可能な地域生活空間の創造を可能にする，住宅復興の多様な選択肢と政策を用意していくことである．

[近藤民代]

●参考文献

近藤民代（2012）「被災市街地における住宅再建の実態―ハリケーンカトリーナ災害におけるニューオリンズ市の住宅再建に関する研究　その1」日本建築学会計画系論文集，671号，67-74

近藤民代（2012）「被災市街地における住宅再建の経年変化―ハリケーンカトリーナ災害におけるニューオリンズ市の住宅再建に関する研究　その2」日本建築学会計画系論文集，679号，2283-2292

近藤民代（2012）「米国ハリケーンカトリーナ災害の被災市街地における不動産の移管を伴う非営利組織による住宅復興」日本建築学会学術講演梗概集，634-644

塩崎賢明（2009）『住宅復興とコミュニティ』日本経済評論社

林　大造ほか（2009）「ジャワ島中部地震における住宅再建と住民間相互扶助」神戸大学都市安全研究センター研究報告，13号

檜谷美恵子（2005）「災害復興公営住宅における取り組み」兵庫県『復興10年総括検証・提言報告』

兵庫県まちづくり部（2000）『住まい復興の記録―ひょうご住宅復興3カ年計画の足跡』

近藤論文は http://www.tamiyokondo-lab.jp/achievement.html からダウンロード可能

刊行に寄せて

「住む力」とは何か

　本書のサブタイトルになっている「住む力」とはなんだろうか．あまり聞きなれない言葉である．生きる力といえば，まだわかりやすい．生きるためには，衣食住が欠かせない．衣食住を確保することができなければ生きることはむずかしい．着る力，食べる力とともに，住む力は生きる力の一部ということであろうか．
　生きていくうえで，衣はともかく，食と住は現代においても重要問題である．
　「食べる力」を取り上げるとすれば，そこには，噛む力をはじめ，病気の克服など健康問題にとどまらず，途上国をおおう飢え，食の安全，環境保全，農林水産業の振興から食文化にいたるまで，広範な問題が存在する．食糧問題は，今日，世界の政治・経済における主要課題である．これらを「食べる力」の問題として取り上げることもできよう．われわれは，よりよく生きるためにもっと食べる力を磨き，鍛錬しなければならないのかもしれない．
　「住む力」については，本書の中で「居住に必要な空間・環境を維持，管理，創造し，それを基盤として社会関係を構築していく力」と定義づけられている．つまりは，住むことに必要な諸条件を獲得する力である．ここで重要なことは，社会的動物としての人間にとって，住むためにはハコさえあればよいということではなく，集団で住むことが不可欠であり，その人間関係（コミュニティ）をどのように築くかという点である．

住まいをめぐる今日的状況

　住をとりまく現代の状況は厳しい．その要因は3つの側面からとらえることができる．
　第1は，貧困化の広がりと深まりである．第2次世界大戦直後の日本は420万戸の住宅不足から出発し，大量建設につぐ建設で，1970年代にはおおむね戸数を充足したものの，住宅の質的問題は未解決のままであったが，それも時間とともに徐々によくなっていくであろうと考えられていた．しかし，現実には21世

紀に入ってホームレスやネットカフェ難民，さらには脱法ハウスなどの絶対的貧困が以前にもまして広がりをみせている．その根本原因は，戦後一貫して，住宅政策は景気浮揚策の手段としてあつかわれ，憲法理念にもとづく文化的な生活の保障を実現する政策が不在のまま推移してきたことに加え，他方で労働・雇用政策の改悪が進行するもとで，世界経済の悪化により，一挙に職と住を失う人々が析出したことである．

　第2は，社会構造の変化に対応した住宅政策の遅れである．人口減少，高齢化，家族・世帯の変化，都市農村関係の変化など，急速に変化する社会と地域構造に対応した居住保障の施策がとられていない．2006年に成立した住生活基本法は，40年続いた住宅建設五箇年計画のシステムを終わらせ，住生活の安定を確保することをうたい，つづいて住宅セーフティネット法を打ち出したものの，現実には高齢者，若者，女性，外国人など弱者に対するセーフティネットはほとんど機能せず，住まいに関する貧困と格差は深刻化している．

　第3は，現代社会をおおうリスクの高まりである．筆者は，戦争・災害・環境破壊を現代の三大リスクと考えているが，日本国内では特に災害や環境破壊のリスクが著しい．1995年の阪神・淡路大震災以来，2011年の東日本大震災にいたる16年間に，主なものだけでも8回もの地震が発生し，それ以前の50年間とは違う段階に突入した感を抱かせる．地震以外にも毎年のようにこれまでにない形の大規模な水害が起きており，その背景には地球環境の破壊があるともいわれている．こうした自然災害における被害の最小化（減災）には，事前の備えや直後の緊急対応と並んで，事後の復興が重要である．生き残った者の住まいの回復は復興施策に依存する．しかし，災害大国といわれながら，わが国の災害対策における復興施策はきわめて手薄であり，ながらく復興の基本法すらない状態であった．住宅セーフティネット法で，住宅確保要配慮者のなかに被災者を含め，ごく最近には大規模災害復興法が制定されたものの，そこで住まいの問題が十分に位置づけられているとはいいがたい．東日本大震災の復興現場と来たるべき巨大災害に向けた復興の備えが急務である．

「住む力」がなぜ必要か

　社会的動物たる人間にとって，住むことは，もともと，孤立した個人単独ではできず，家族や部族などの集団が集落をつくり，集まって住んできた．そして，

近代以降，都市における住宅問題への対処として，国家や自治体によって住宅政策が行われるようになった．イギリスをはじめ多くのヨーロッパ諸国では福祉国家政策により，相当程度の住宅政策が展開されたが，日本では，先に述べたように，国民生活の安定を保障するにたる政策は行われないまま，1980年代以降，新自由主義的政策の導入によって，いわば政府の失敗（限界）と市場の横暴のもとで，住をとりまく環境はいっそうひどい状態になった．

　こうした状況に立ち向かうには，一つには，本来国家や自治体が果たすべき役割を求める運動が必要である．と同時に，市民の自律的な住む力を養うことが重要である．それは，政府が頼りにならないという意味にとどまらず，住む形，住む様式は住み手の多様な条件に即して多様であり，その形を実現するには住み手のニーズの把握，自律的な活動による具体化が欠かせないからである．政府による施策は，往々にして，限られたメニューへの当て嵌めとなり，住み手のニーズを矮小化する．結果として，豊かな住まいとはかけ離れたものとなっていく．高度成長期のマスハウジングがその典型である．こうした弊害をなくすには，住み手自身の取り組みが欠かせない．ここに住む力の必要性がある．

　ましてや，先に述べたような住をとりまく環境の厳しさの前に，人々が共同して立ち向かう必要性はかつてなく高まっており，同時に住む力の涵養が求められているのである．

　　2014年3月

立命館大学教授・工学博士
塩崎賢明

おわりに

　本書の企画は，塩崎賢明先生の神戸大学退官を記念して，研究室出身者による論集をまとめようということではじまりました．本書の執筆者には共通する特徴があります．それは，「誰もが安心して暮らせる豊かな住まい・住宅地」を目標に，住まいやまちづくりの問題に取り組んでいること，また，社会的弱者（住宅確保要配慮者）が直面する住宅問題をとりあげ，社会学や社会福祉学など建築・都市計画学以外の分野の視点も取り入れながら調査研究を行っていること，さらに，住まい手を「客体」ではなく「主体」として捉え，主体形成のあり方や，行政や市場だけに依存しない住まいやまちづくりのあり方を模索していることです．

　これらの特徴は，昭和から平成の時代の流れの中で，家族や社会構造に大きな変化がみられる現在の住まいやまちづくりにかかわるうえで，ますます重要になってきています．そこで本書では，2000年以降に焦点をあて，公的住宅の供給拡大など，行政の役割強化を求める旧来型の住宅政策・住宅計画論ではなく，住まい手を主体にした新しい政策・計画論の方向を示し，これからの住まいやまちづくりを展望することにしました．全編にわたって「住む力」という共通の言葉を使ったのには，そうした思いを込めています．

　とはいえ，実際に執筆を始めると，執筆者それぞれの思いが突出してしまうこともたびたびで，全体として一つの共通したメッセージを届けようという試みは，思いのほか困難を伴いました．編集者と執筆者間で何度もやりとりを重ね，結局刊行までに3年もかかってしまいました．

　出版にあたって，多大なご尽力をいただいた朝倉書店編集部の方々に，心より感謝します．また，お忙しい中ご寄稿くださった塩崎先生に御礼申し上げます．

　本書が少しでも住まいやまちについて考える機会を提供するものとなれば幸いです．

　　2014年3月

阪東美智子

索　引

ADL　7-8
CDC　91-93, 95-98
CI　65-66, 68
DV　13, 85
ICT　51, 53-54, 63-67
M字型カーブ　19
NPO　21, 36, 76, 80, 84, 146
OECD　23
PTSD　142
UR　85
WTO　6

ア　行

アウトソーシング化　18, 20
空き地化　104
空き家　3, 45, 48
空き家化　104
アフォーダビリティ　48, 159
アフォーダブル住宅　91, 93, 95
アンペイドワーク　19

育児休業法　19
育児支援　21
移住　46, 48-49, 54, 57, 68
移転促進区域　128, 132-133, 135
居場所　11, 13, 23, 77, 80, 84-86, 139, 143-149
インターエンパワーメント　148-149
インフィル型　161-162

エンパワーメント　89
エンプティネスト化　105

応急仮設住宅　127, 140-144, 152
オフィスコンドミニアム　61

カ　行

介護保険制度　7-8
買い物難民　31-32
改良住宅　72, 76, 81
核家族　28, 41-42
仮設市街地　139
家族の多様化　22, 29
過労死　24
簡易宿泊所　9-10

起業支援　66, 84, 148
帰属意識　30, 105-108, 110
既存不適格　114
木賃住宅　→ 木造賃貸住宅
協働　73, 84, 86, 96
協動型ハウジング方式　72
共同建替え　121
居住運動　25
居住格差　2, 9-10
居住者参加　93
居住地選択　55, 57
居住地要件　57
居住の権利　10
居住貧困　2, 9-10
近隣住区論　91
近隣センター　91, 104

空洞化　104, 160
クラスタリング住宅復興　160-161
グリーンビルディング　93

ケアワーク　19-20, 22-23
景観法　43
ゲストハウス　10, 13
限界集落　105, 107
現代住宅双六　50

建築協定　100

コアハウス　156-157
公営住宅法　3
郊外住宅地　48, 102-111
郊外批判　103, 107
恒久移行型仮設建築　145
恒久住宅　140
公私の境界　63
高断熱・高気密住宅　3, 11
高度経済成長(期)　19, 28, 30, 41, 91, 102, 106, 112
高齢化率　6, 30
高齢者の居住の安定確保に関する法律　7, 49
孤独死　42, 136, 142
ゴトンヨロン　157
コーポラティブ住宅　72-73, 78, 86-87
コミュニティ　4, 10, 25, 28-29, 35, 56, 63, 66-68, 72, 78-79, 84, 86, 91-92, 108, 117, 128, 132, 152, 157, 161
コミュニティアーキテクチュア　88-93, 95-96, 98, 100
コミュニティアーキテクト　87, 89-90, 93, 95-100, 143, 148
コミュニティ開発法人　159-160
コミュニティ情報科学　65
コミュニティデザイン　91-92
コミュニティデザインセンター　88, 90-92, 95
コミュニティバランス　72, 78
コミュニティユニットシステム　78-79
雇用形態　52
雇用の流動化　5

孤立化　7, 131, 135
コレクティブタウン　80, 86
コレクティブハウジング　25, 147, 149
コンパクトシティ　37

サ　行

災害危険区域　161
災害救助法　143
災害公営住宅　127, 140-141, 151-153
災害復興　139-140, 142, 148
災害復興過程　129, 134-135, 137
災害リスク　116, 127, 132, 135-136, 155
在宅医療　15
在宅介護　15
在宅介護サービス　7
再定住意識　135-136
サスティナブルデザイン　93
さとり世代　24
サービス付き高齢者向け住宅　7-9
サービスプロバイダー　95-96
シェアハウス　10, 13, 25-26, 78
シェルター　9, 93
シェルター機能　41-42, 48, 85
自主住宅移転再建　161-162
持続可能(性)　72, 100, 103, 105, 109
実空間の社会　65-67
シックハウス　11
指定管理　84-85
社会経済構造　29-32, 36
社会の持続可能性　68-69
社会的弱者　44, 90-91, 93-95, 152
社会的条件不利地域　72, 86
社会的な不公正　90
ジャワ島中部地震　156
住環境整備モデル事業　115
住居喪失不安定就労者　9
住居法　15
終身雇用(制度)　5, 30

住生活基本計画　17
住生活基本法　13
住宅改修　7, 95
住宅確保要配慮者　72
住宅金融公庫　47, 73
住宅金融公庫法　3, 102
住宅建設計画法　3, 13
住宅建設五箇年計画　3, 47
住宅困窮　14, 15
住宅双六　42, 44, 48, 102-103
住宅政策の3本柱　3, 102
住宅セーフティネット　10, 14, 127
住宅地区改良事業　72, 81
住宅の品質確保の促進に関する法律　47
住宅復興　121, 127, 150-154, 156-157, 159-160
住宅問題　2-3, 6, 11, 13, 41
集団移転　132-133, 139
修復型まちづくり　117-118, 121, 123
住民参加　14, 123
集約型都市構造　37
少子化　17, 20, 36
情報化　63-64
情報通信技術　51, 63
職住コミュニティ　66
職住分離　102
職場改革運動　90
女性問題　25
除雪活動　31-32, 35
人権文化　85
人口減少(期)　4, 29-30, 32, 35-36, 48-49, 97, 103-105, 117, 131, 134-135, 161
人口変動　106
震災関連死　142
新自由経済主義　10
新住宅市街地開発法　102
新性別役割分業　20
スキマティックデザイン　96
スケルトン方式　76
スプロール　56, 103
住み替え　8, 40-41, 44-49
住み分け　56

住む権利　14
住む場所　51, 53-57, 123
スモールオフィスパーク　61
生活支援　7-8, 80, 94-95
生活自立支援　93-94
生活・生業再建　129, 130
世代間バランス　104
セーフティネット　31, 127
専業主婦(層)　17-19, 23-24
全米洪水保険プログラム　155
相互扶助　18, 33, 43, 148, 156-157

タ　行

耐火性(能)　4, 123
待機児童　21
耐震性　4
第2種公営住宅　72
男女雇用機会均等法　19
単身化　13
単身世帯　7, 10, 42
単線型住宅復興　152
団地の建替え　78
地域コミュニティ　25, 28-29, 31, 33-37, 43, 85, 99, 114
地域住宅復興　150, 156-157, 159-161
地域生活空間　88, 92, 150, 162
地域通貨　86
地縁型コミュニティ　81
地区計画(制度)　100, 112, 123
中間就労　85
中古住宅　5, 45, 47-49
中古住宅市場　5-6, 47-48
超郊外　103
超高齢社会　6
終の住処　44
定期借地(権)　73, 76, 86
定住　40-41, 44, 46, 50
定住意識　46, 130, 134-136
デザインワークショップ　78

索　引

テーマ型コミュニティ　81
テレワーカー　52-55, 58-68
テレワーク　51-59, 61, 64-69
田園都市　102, 107
電子社会　65
転居　23

特別養護老人ホーム　6-7
都市基盤施設　112
都市構造　29, 31-34, 36-37
都市再生機構　85
土地区画整理事業　123, 126, 128-129, 161
鳥取県西部地震　154
共働き（世帯）　17, 20-21, 53
トランジッショナルハウジング　94

ナ　行

新潟県中越地震　128
二次避難　142, 149
24時間地域巡回・随時訪問サービス　7
日常生活動作　7
日本住宅公団　103
日本住宅公団法　3, 102
ニュータウン　102, 110
認可外保育施設　21
人間の生活の自由　51, 68
年功序列賃金慣行　17
能登半島地震　154

ハ　行

場所の力　68-69
パーソナルサポートサービス事業　84-85
働き方　25, 51, 53-54, 61, 66
働く場所　51-52, 54-55, 57
ハリケーン・カトリーナ災害　151, 157
晩婚化　17
阪神・淡路大震災　81, 121, 127, 129, 135, 139-142, 148, 152-154, 161
飯場　9

東日本大震災　8, 15, 126, 128, 137, 139-140, 142-143, 148, 150, 154, 161
光ファイバー　66
非血縁関係　25
被災者就労支援付住宅　147
被災者生活再建支援法　154
非正規雇用　5
ヒートショック　12
ひとり親（世帯）　17, 22-25, 143
避難所　127, 140-141, 145, 152
貧困ビジネス　3

不安定居住　131, 137
フィージビリティスタディ　93
福岡県西方沖地震　132
福島差別　143
復興過程（復興のプロセス）　127, 136, 139-140, 142
不良住宅地区改良法　72
文化住宅　112-114

放棄住宅　158
防災　3, 15, 43, 108, 112
防災街区整備事業　119, 121
防災集団移転促進事業　126, 128, 161-162
防犯　3-5, 43, 108, 110
ホットデスキング　59
ホームオフィス　60
ホームレス　8-11, 93-94
──の自立の支援等に関する特別措置法　9
ホームレス自立支援センター　9, 13
ボランティア　36, 83, 92, 98, 160

マ　行

マイノリティ　90-91, 155
まだら復興　158, 161
まちづくり　14, 72-73, 80-83, 89-90, 98-100, 108, 116, 123, 139-140, 144, 148, 155
マック難民　2, 9
マルチハビテーション　46

未婚化　13, 17
ミニ戸建て　118-119
民間賃貸住宅　10, 153-154
──の借上げ　142
民間提案型仮設建築　144

無接道宅地　123
無報酬労働　19
無料低額宿泊所　9

木造賃貸住宅　112, 117
木造密集市街地　112-113, 115-116, 118-119, 121
持ち家　2, 4, 10, 23, 28, 42, 44-45, 48-49, 76, 81, 131, 153-155
持ち家取得　42, 102, 135

ヤ　行

家賃補助　14, 154

有料老人ホーム　6
ユートピア現象　140-141

ラ　行

ライフイベント　20, 76

立地条件　57
リテラシー　12, 36
リノベーション　45, 49, 79
リフォーム　11, 45, 85
隣居　73

老朽化　3-4, 72, 115-116, 119
ロードホームプログラム　155

ワ

ワークショップ　73, 93
ワークライフスタイル　51
ワークライフバランス　25

執筆者紹介 （執筆順）
1：最終学歴・学位，2：現職，3：主な著作，＊：編集者

阪東美智子＊（ばんどう・みちこ）〈第1章〉
1. 1999年 神戸大学大学院自然科学研究科修了・博士（工学） 2. 国立保健医療科学院生活環境研究部主任研究官 3.『社会政策のなかのジェンダー』（木本喜美子ほか編著，明石書店，2010年）

葛西リサ（くずにし・りさ）〈第2章〉
1. 2007年 神戸大学大学院自然科学研究科修了・博士（学術） 2. 一般財団法人高齢者住宅財団調査部主任研究員，大阪市立大学都市研究プラザ特別研究員 3.『あたりまえの暮らしを保障する国デンマーク―DVシェルター・子育て環境』（共編著，ドメス出版，2013年）

高澤由美（たかさわ・ゆみ）〈第3章〉
1. 2006年 神戸大学大学院自然科学研究科修了・博士（学術） 2. 山形大学大学院理工学研究科研究支援者 3.『地域計画の射程』（鈴木浩編著，八朔社，2000年）

堀田祐三子＊（ほりた・ゆみこ）〈第4章〉
1. 2001年 神戸大学大学院自然科学研究科修了・博士（工学） 2. 和歌山大学観光学部教授 3.『イギリス住宅政策と非営利組織』（日本経済評論社，2005年）

河井容子（かわい・ようこ）〈第5章〉
1. 2005年 神戸大学大学院自然科学研究科修了・博士（学術） 2. Penguin Environmental Design L.L.C. 代表，イェール大学建築学部講師 3.「Work/Life community by telework - possibilities and issues in the case of Loma Linda」（*Journal of Green Building*，2008年）

寺川政司（てらかわ・せいじ）〈第6章，第11章〉
1. 2002年 神戸大学大学院自然科学研究科修了・博士（工学） 2. 近畿大学建築学部准教授，CASEまちづくり研究所顧問 3.『脱・貧困のまちづくり「西成特区構想」の挑戦』（鈴木亘編著，明石書店，2013年）

近藤民代＊（こんどう・たみよ）〈第7章，第12章〉
1. 2003年 神戸大学大学院自然科学研究科修了・博士（工学） 2. 神戸大学大学院工学研究科准教授 3.「被災市街地における住宅再建の経年変化―ハリケーン・カトリーナ災害におけるニューオリンズ市の住宅再建に関する研究　その2」（日本建築学会計画系論文集，679号，2012年）

田中正人（たなか・まさと）〈第8章，第10章〉
1. 2007年 神戸大学大学院自然科学研究科修了・博士（工学） 2. 株式会社都市調査計画事務所代表取締役 3.『リジリエント・シティ―現代都市はいかに災害から回復するのか？』（ローレンス・J・ベイル，トーマス・J・カンパネラ編著，共訳，クリエイツかもがわ，2014年）

小川知弘（おがわ・ともひろ）〈第8章〉
1. 2007年 神戸大学大学院自然科学研究科修了・博士（工学） 2. 関西学院大学総合政策学部非常勤講師 3.「戦後の大規模郊外住宅地開発と新住宅市街地開発事業の特質に関する研究」（日本建築学会計画系論文集，623号，2008年）

田中貢（たなか・みつぐ）〈第9章〉
1. 2009年 神戸大学大学院自然科学研究科修了・博士（工学） 2. 近畿大学建築学部特任教授 3.「震災復興共同建替事業関係者の各立場からの事業化意識に関する研究―公団震災復興共同建替事業を対象にして」（日本建築学会計画系論文集，635号，2009年）

これからの住まいとまち
　―住む力をいかす地域生活空間の創造―　　　定価はカバーに表示

2014 年 4 月 20 日　初版第 1 刷

編集者　堀　田　祐三子
　　　　近　藤　民　代
　　　　阪　東　美智子

発行者　朝　倉　邦　造
発行所　株式会社　朝　倉　書　店
　　　　東京都新宿区新小川町 6-29
　　　　郵便番号　162-8707
　　　　電話　03 (3260) 0141
　　　　FAX　03 (3260) 0180
　　　　http://www.asakura.co.jp

〈検印省略〉

Ⓒ 2014〈無断複写・転載を禁ず〉　　　　中央印刷・渡辺製本

ISBN 978-4-254-26643-6　C 3052　　Printed in Japan

JCOPY　〈(社)出版者著作権管理機構　委託出版物〉
本書の無断複写は著作権法上での例外を除き禁じられています．複写される場合は，そのつど事前に，(社) 出版者著作権管理機構 (電話 03-3513-6969, FAX 03-3513-6979, e-mail: info@jcopy.or.jp) の許諾を得てください．

東大 西村幸夫・工学院大 野澤　康編

まちの見方・調べ方
―地域づくりのための調査法入門―

26637-5 C3052　　　B 5 判 164頁　本体3200円

地域づくりに向けた「現場主義」の調査方法を解説。〔内容〕1.事実を知る（歴史，地形，生活，計画など），2.現場で考える（ワークショップ，聞き取り，地域資源，課題の抽出など），3.現象を解釈する（各種統計手法，住環境・景観分析，GISなど）

東大 西村幸夫編著

まちづくり学
―アイディアから実現までのプロセス―

26632-0 C3052　　　B 5 判 128頁　本体2900円

単なる概念・事例の紹介ではなく，住民の視点に立ったモデルやプロセスを提示。〔内容〕まちづくりとは何か／枠組みと技法／まちづくり諸活動／まちづくり支援／公平性と透明性／行政・住民・専門家／マネジメント技法／サポートシステム

千葉大 宮脇　勝著

ランドスケープと都市デザイン
―風景計画のこれから―

26641-2 C3052　　　B 5 判 152頁　本体3200円

ランドスケープは人々が感じる場所のイメージであり，住み，訪れる場所すべてを対象とする。考え方，景観法などの制度，問題を国内外の事例を通して解説〔内容〕ランドスケープとは何か／特性と知覚／風景計画／都市デザイン／制度と課題

日本都市計画学会編

60プロジェクトによむ 日本の都市づくり

26638-2 C3052　　　B 5 判 240頁　本体4300円

日本の都市づくり60年の歴史を戦後60年の歴史と重ねながら，その時々にどのような都市を構想し何を実現してきたかについて，60の主要プロジェクトを通して骨太に確認・評価しつつ，新たな時代に入ったこれからの都市づくりを展望する。

職能開発大 和田浩一・早大 佐藤将之編著

フィールドワークの実践
―建築デザインの変革をめざして―

26160-8 C3051　　　A 5 判 240頁　本体3400円

設計課題や卒業設計に取り組む学生，および若手設計者のために，建築設計において大変重要であるフィールドワークのノウハウをわかりやすく解説する。〔内容〕フィールドワークとは／準備と実行／読み解く／設計実務事例／文献紹介。

日本建築学会編

図解 火災安全と建築設計

26634-4 C3052　　　B 5 判 144頁　本体5000円

防災設計の基本・考え方から応用まで広範囲に解説。わかりやすいイラストや性能設計事例が多数収載され，火災の仕組みや火災安全のための技術を学ぶ。読者対象：建築を学ぶ学生から建築家・維持管理者・消防関係者・建築行政に携わる人

日本建築学会編

都市・建築の 感性デザイン工学

26635-1 C3052　　　B 5 判 208頁　本体4200円

よりよい都市・建築を設計するには人間の感性を取り込むことが必要である。哲学者・脳科学者・作曲家の参画も得て，感性の概念と都市・建築・社会・環境の各分野を横断的にとらえることで多くの有益な設計上のヒントを得ることができる。

日本デザイン学会環境デザイン部会著

つなぐ 環境デザインがわかる

10255-0 C3040　　　B 5 変判 160頁　本体2800円

デザインと工学を「つなぐ」新しい教科書〔内容〕人でつなぐデザイン（こころ・感覚・行為）／モノ（要素・様相・価値）／場（風土・景色・内外）／時（継承・季節・時間）／コト（物語・情報・価値）／つなぎ方（取組み方・考え方・行い方）

工学院大 長澤　泰・日大 神田　順・東大 大野秀敏・東大 坂本雄三・東大 松村秀一・東大 藤井恵介編

建築大百科事典

26633-7 C3552　　　B 5 判 720頁　本体28000円

「都市再生」を鍵に見開き形式で構成する新視点の総合事典。ユニークかつ魅力的なテーマを満載。〔内容〕安全・防災（日本の地震環境，建築時の労働災害，シェルター他）／ストック再生（建築の寿命，古い建物はどこまで強くなるのか？他）／各種施設（競技場は他に何に使えるか？，オペラ劇場の舞台裏他）／教育（豊かな保育空間をつくる，21世紀のキャンパス計画他）／建築史（ルネサンスとマニエリスム，京都御所他）／文化（場所の記憶―ゲニウス・ロキ，能舞台，路地の形式他）／他

上記価格（税別）は 2014 年 3 月現在